038

人生は悠々として急げ

浅田剛夫
井村屋グループ 会長

中経マイウェイ新書

はじめに

２０１６年11月に中部経済新聞社から、長年中部エリアの著名人の皆さんが多く執筆を重ねられてきたコラム「マイウェイ」への寄稿を依頼された。正直、重荷だなと感じた。多くの方が読まれる欄に自分の人生の歩みを記すことで、どのような価値が提供できるのかと不安でもあった。しかし、熱心なお誘いを受けて決心した。

理由としては、連載が始まる２０１７年が井村屋にとって創業１２０年、会社設立70周年の大事な節目に当たる不思議なご縁であるとともに、連載のスタートがなんと！7月1日であることだ。この日は日本記念日協会から認定されている『あずきバー』の記念日である。「マイウェイ」を通じてより井村屋に親しみをもっていただける機会になればとも考えた。

加えて井村屋へ入社し、48年の勤務を経てほぼ半世紀、仕事を通じてさまざまな経験を得ることができた。中途入社であるとともに本社勤務経験は一度もないが、様々な業務を経て企業経営に参画させていただいてきた。

振りかえってみると、多様な状況でとても多くの方々から教示を受け、強くリードしていただき、時として叱咤激励を受けながら背中を押していただいてきた。また、どの分野においても「部下は上司を選べない」との言葉があるが、縁あってチームメイトとなっていただいた多くの皆さんにも感謝を申し上げたい。ときどきのエピソードを書き起こすことで、感謝の気持ちをお伝えすることができる機会となり本当に幸せです。

現在、グループ経営の一端を担っているが、誰もが次代を背負う人材にバトンを渡す時がくる。私も然りである。バトンタッチの見事さが日本のお家芸であることは、先の「世界陸上2017　ロンドン」でも示された。私もそのような良いリレー走者でありたいと思う。私のマイウェイにおける振り返りが、後に続く〝井村屋人〟に何らかのプラスの示唆につながったら望外の喜びでもある。

井村屋グループ会長

浅田剛夫

目次

「紅い道」を歩む

この世に生を受けて75年、ビジネスマンとしても53年が経過した。さまざまな機会を通じて多くの方から良きご縁をいただき、感謝の念でいっぱいだ。詩人、高村光太郎の『道程』に「僕の前に道は無い　僕の後ろに道は出来る…」という有名なフレーズがある。自分の進む道は自分の力で切り開いていくのだ、そして、その歩みが人生の道になるのだ、という強い覚悟を表している。

私の来た道はどうだろうか。強い覚悟や努力というよりも、偶然の出会いや運、そして多くの方々の助力や支援、協力のお陰で歩んでこられたと思える。こうした方々への感謝の気持ちを込めて、この機会に少しずつ私の「マイウェイ」を回顧していきたい。お付き合いいただければ幸いである。

さて、中部経済新聞に連載が始まる7月1日は「あずきバーの日」。井村屋の代表的な商品である『あずきバー』にちなんで、2007(平成19)年7月に日本記念日協会から認定をいただいた。当時のマーケティンググループ部長の中島伸子(現・井村屋グループ副社長)が販売促進企画の一環として、あずきの持つ健康性をアピールし、あずきを食する習慣を幅広く訴求する目的で「あずきの日」の認定をお願いした。

その時に担当者から、「『あずきバー』は国民的な商品ですが、最も売れるのはいつですか?」との質問があり、「7月です」と答えたところ、「それでは7月1日を『あずきバーの日』に申請されたら」と示唆をいただいた。願ってもないことだった。

そのようないきさつで、7月1日はとても大事な「あずき記念日」となった。夏到来の風物詩から、今では年間を通じて約2億6000万本を販売している。多くの方に愛されて44年。長い「あずきの道」が続いてきた。

２０１７年5月25日に放映された『カンブリア宮殿』で、司会の村上龍氏は井村屋を「独創性こそ普遍」と評された。私たちはこの「紅《あか》い道」をさらに歩み続けていく。

筆者近影

空襲の記憶

私の生家は三重県津市丸の内本丸にあった。現在もここが本籍地だ。住所が示すとおり、津城址に近接しており、今でもわずかに残る内堀とは目と鼻の先である。

私は1942（昭和17）年7月1日生まれの「午年」であり、この地で生を受けた。第2次世界大戦が勃発し、日本中が戦争一色のときである。しかし物心がつき、記憶にあるのは幼稚園の頃であり、戦災前の家の記憶は全くない。

津市は1945（昭和20）年3月から数回にわたり空襲を受け、特に7月28日の爆撃は市内に甚大な被害を与え、死傷者も多数を数えた。焼夷《しょうい》弾により市民の多くが家屋を焼失したと聞く。私が3歳の時である。わが家も残念ながら灰燼《かいじん》と帰した。その時、私と2歳違いの姉、そして母は津市の田舎に疎開していて無事であった。後年、母から聞いた話では、遠くに津市内の大きな火事が見えて恐ろしく、全ての焼失を覚悟したとのことである。

家は全焼したが、家に残っていた祖母と父の妹である叔母は九死に一生を得た。お堀端であったことが幸いしたと教えられた。つまり、火の手を避けてお堀に飛び込み助かったという。築城の名手であった藤堂高虎公はこの光景をどう見ていただろうか。終戦の8月15日が迫る日である。切歯扼腕《せっしやくわん》するとともに、戦火の残酷さと無意味を改めて知ることとなった。父はこのとき南方に出征しており、留守であった。

焼け野原となった市内では終戦とともに雄々しく復興への動きが始まり、私たち家族の家もバラックであるが新しく建てられた。小さい子ども2人は戦力外であるが、新たな出発に向けて祖母、母、叔母の女性3人の力はすごいものがあった。

焼失前は大きな屋敷であったそうだ。米問屋から転じて古物商を営んでいたので店先から裏へ荷物を運ぶトロッコがあり、その軌道が残っていた。つまり、トロッコ線路のある家が記憶に残る最初の家である。

そして焼け跡から古物商を改めて開業した。パワフルな商い魂。主人公は祖母の「ふさ」である。

祖母の「ふさ」（右）と姉

家業は大繁盛

終戦後の荒廃した日本では、誰もが大変な苦労を経験したと思う。ただ3歳だった私は、ほとんどその頃のことを覚えていない。恵まれていたと思うし、大事にしてもらっていたのだろう。

古物商の商いは、当時の世相からは大変タイムリーな業種であった。祖母は商才に優れた人であったと聞く。後に私も祖母から商いの本質を、かまどの横に座らされ聞かされたことがある。今でも覚えていることが多い。

古物商は復興に向かって進む日本において、重要な原料供給基地の入口となる機能を果たしていた。鉄、銅、錫《すず》などの金属類や古物の衣類も含め、多くの原料が集荷、再生され、重要な資源となっていった。

その小さな古物問屋のような商いは現金商売であるとともに、今でいうリサイクル、リソース、リユースの原点である。背景には復興需要が控えており、需要と供給のバランスを取るために重要な仕事であった気がする。

多くの人が押し寄せ、祖母、母、叔母が一日中忙しく立ち働く姿を見ていた。母、きよ子は家事と子どもの世話、そして家業の手伝いと、寝る間もない忙しさであった。父、周平はまだ帰還できず、祖母と叔母に挟まれて大変な日々であったと思われるが、私にはいつも優しく笑顔を絶やさない美しい人であった。

祖母から聞かされた言葉で覚えているのは「古物は細かく仕分けることでもうけが出る。大雑把な仕事はあかんよ！」であり、「汚れ仕事を嫌ったらダメ！そこに宝が眠っている」である。「お金は使うことで回ってくるよ」とよく聞かされた。

１９５０（昭和25）年に朝鮮戦争が勃発する。国際的な悲劇が訪れるが、日本では経済特需が起こり、皮肉であるが古物商も時代の変化の中で大変繁盛していった。

一方で、終戦後も帰還できずにいた父から復員できる旨の手紙が届いた。懐かしい父の文字の切々たる思いがつづられている。

小学校の同級生たち（2列目左から2人目）

父の帰還

父は陸軍軍人であり、中尉であったという。4歳ごろのことで明確な記憶はない。

シンガポールから届いた手紙は、変わらない武骨な筆跡であるが、帰郷の心に浮き立ちつつ、家族を、親戚を、何よりも子どもを思う気持ちに満ちあふれていて、何度読んでも涙があふれる。

三重県立松坂商業学校（現・松阪商業高校）を出てからどのような経緯があったのかは判然としないが、従軍した南方戦線で終戦を迎え、シンガポール・チャンギー捕虜収容所に収監されていた。

現在、大発展を遂げているシンガポールだが、終戦後はイギリス軍の施政下に置かれ、多くの日本人捕虜が過酷な運命をたどった歴史がある。後に記すが、父が捕虜であったことを知り得たのはドラマのようである。

１９９０（平成２）年、酷暑の8月に母が亡くなり、同じ年の12月の寒い冬に父が旅立った。父の葬儀を終え、仏壇を片付けているときに引き出しから一通の手紙が出てきた。それまで母が大事に保管していたものであろうが、一度も見たことはなかったし、姉も私もその存在さえ知らなかった。

父には思い出したくない辛い思い出であり、母にとってはきっと夫婦の絆のよりどころであった気がする。よく残しておいてくれた。夫婦には色々な愛憎や葛藤もあったことを子供心に見聞きしていたが、この手紙で全てが氷解した気がする。少し紹介したい。

「前略
永らく御無沙汰致しております。御一同様御元気の事と御察し申し上げます。

小生永い間、刑務所生活（證人として）を致し無事九月二十八日釈放せられ、唯今は「シンガポール」にて復員船を待期して居ります。先ずは御安心下さい。（来年一月中には御目に掛かれると思います。）

家も全焼との事、さぞかし皆様御苦労致された事と存じますが、総ては運命です。（中略）

剛夫　郁子君一月には御父さんも家に帰りますから御正月の御餅を一つずつ残して置いて下さい。

十二月弐日

於　シンガポール

浅田周平

きよ子殿」（原文のまま）

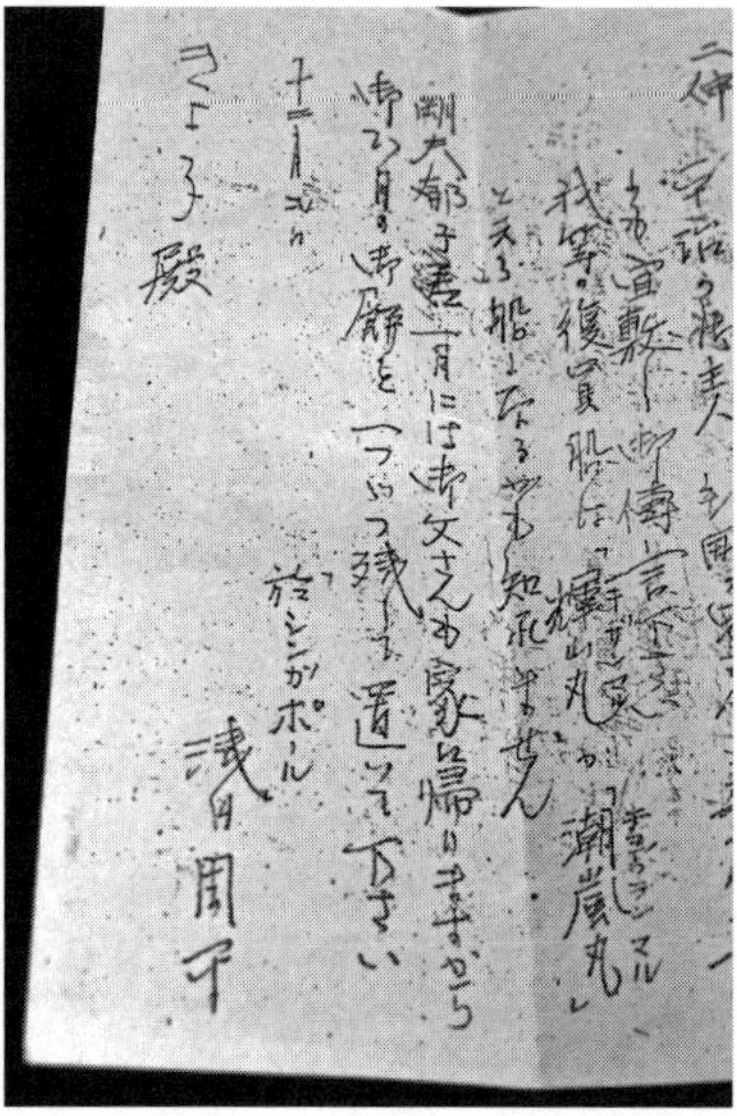

父から届いた手紙

父の記憶と幼少時代

１９４７（昭和22）年が明けて間もなく父は辛い捕虜収容所生活を終え、懐かしい日本、そして津市の実家に帰郷した。浅田次郎氏の著作で『帰郷』という短編集があるが、その中での出来事はまさに多くの日本人が経験した事柄だ。帰郷時のことは断片的にしか覚えていない。姉によれば、大きなリュックサックを背負った人が、以前とは見る影もない焼失後の家に入って来たのを、私と布団に入りながら、何か怖いものを見るようにのぞいていたそうだ。

そこから祖母、両親、叔母、兄弟の６人が狭い家での生活を始める。苦しい生活であっても何か開放感のある、新しい世界が始まる期待感があることを幼いながらに感じていた。

戦争は悲惨であるが、父は戦地での経験をあまり語ることはなかった。寡黙《かもく》な人だと思っていたが、後年、外での父を知る人から酒が入れば明朗闊達《かったつ》で明るい人だったと聞いた。双方とも本当の姿なのだろう。

父は終戦の前年に弟の周二と南方戦線のビルマ（現・ミャンマー）で偶然に会うことができたそうだ。互いに元気でいようと誓って別れたが、周二は終戦を前にした1945（昭和20）年の6月にビルマで病死した。さぞ悔しいことであったと思う。

一方、私は友達と一緒に、近くの龍宝幼稚園に通いだしていた。大柄で優しく、もう一人の母のような千種《ちぐさ》先生に会えるのがうれしくて、ちょっぴり冒険心をくすぐる通園であった。

母は何でも手作りで作ってくれた。通園かばんも、無論ズックの肩掛けである。そこに2つのりんごのアップリケがあったのをなぜかよく覚えている。母の手作りが誇らしかったのだろう。

小学校は津市立養正《ようせい》小学校へ。近くの津城跡は、春夏秋冬遊ぶことに事欠かない自然の大きな遊園地であった。トンボやザリガニ採り、フナ釣り、石垣登り、追いかけっこやチャンバラごっこと飽きることを知らない毎日であった。

近くに遊びを教えてくれる〝師匠〟が存在した。4、5歳上であった「畳屋の富ちゃん」である。器用でなんでも名人。後ろをついて歩いていた。貴重なオニヤンマを捕獲してもらい、家の庭に穴を掘り、ガラスの板をかぶせて大事に育てたつもりだった。当然だが長く生きてはいない。悔しくて泣いた。すると「また取ってやるから、ええやん」。富ちゃんはいつも優しかった。

幼稚園時代（後ろから２列目、左から２人目）

転居、転校と幸《こう》先生

時代は大きく動いていていく。大人は家族を養い、生活を立て直す大変な時を過ごしていたが、子どもたちはいたってのん気である。

祖母は大活躍であった。堀の南端から城跡を挟んで北側に160坪ほどの替地を得て転居した。家屋は総2階の大きな家。住居の隣に古物商の倉庫と仕分け場などを建築して家族は転居した。

さらに、祖母は息子である父のために新しい仕事を立ち上げ、古物商という事業をさらに拡大させる。金属関連を中心に取り扱う古銅鉄問屋「株式会社前川商店」を創業したのだ。父を共同経営者として参画させ、事業を開始した。この事業は瞬く間に成長し、やがて父は2代目社長となった。

商業学校で学び、その後の軍隊でも主計中尉として活動した経験は大いに経営に活かされたと思う。

その新居には小学校2年から入り、三重大学学芸学部（現・教育学部）附属小学校に転校した。どのような事情なのか1年生が存在せず、全員が2年生からであった。入学ではまず簡単な動作テストが行われた後に「くじ引き」があった。運も実力？　なのか、見事、難関を突破した。

1947（昭和22）年末に弟が産まれるが、お守りはもっぱら姉の役割。大人に囲まれた環境の中で、私はかなり「やんちゃ」な子どもであった。運動が得意で、運動会が大好き。それは、競技で入賞すると貴重なノートや鉛筆がもらえるからであり、皆からの尊敬も集められるからだ。目立ちたがりやでもあったようだ。

小学校時代のかけがえのない財産は友人である。男女を問わず今でも時折会って、「6年A組の会」を続けている。その中心で絶大な尊敬を集めているのが赤塚（旧姓・倉田）幸《こう》先生である。

4年生まで担当してもらったが、その包容力はなんとも大きい。90歳になられた今もお元気で、「剛夫君はいつも高山《こうざん》神社を走っていたね！」と当時を覚えていらっしゃる。先生が転任する時には大泣きした。今でも手紙をいただき、「がんばって」と励まされると「よっしゃぁ！」と気合が入る。

井村屋グループの「働き方」の根底にある「明日もいきたくなる会社」は、この時の「毎日行きたくなる学校」が強く反映している。

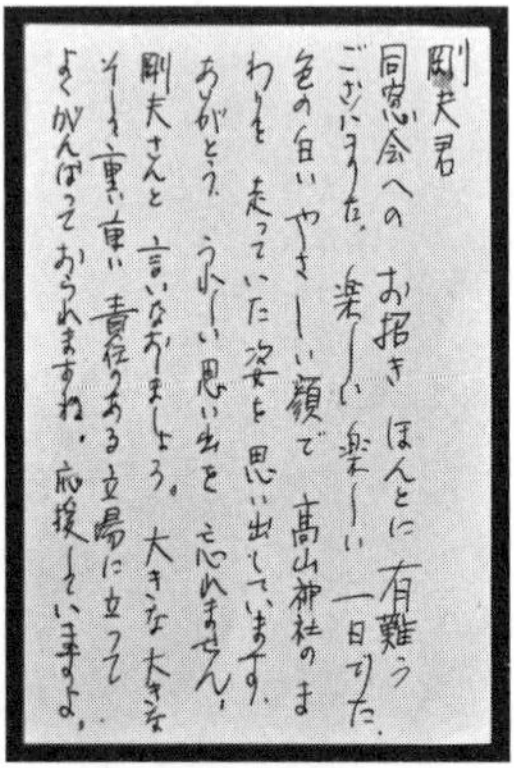
剛夫君
同窓会への お招き ほんとに 有難う
ございました。楽しい 楽しい 一日でした。
色の白い やさしい顔で 高山神社のま
わりを 走っていた姿を 思い出しています。
ありがとう うれしい 思い出を 忘れません。
剛夫さんと 言いなおしましょう。 大きな大きな
そして重い重い 責任のある立場に立って
よくがんばって おられますね。応援していますよ。

赤塚幸先生から
いただいた手紙

赤塚幸先生（右）と

青春の「附中連」

附属の小学校から中学に進学する時、「中学は優秀な生徒が他校から入学してくる。がんばらないと進学できないぞ」と脅された。

進学はできたが、小学生時代の仲良しクラブ的な雰囲気とは異なる世界が待っていた。他の小学校から難しい試験を経て入学してきた新しい仲間は、優秀な生徒が多かった。そうした仲間との交流も増え、新しい親友ができた。

今でも交流を続けている8人組がいる。「附中連」と称し、都合のつくものが時折、夫婦同伴で旅行などを楽しみ、旧交を温めている。奥様方からは「何度会っても一緒の話でよく飽きないわね！」とあきれられるが、中学時代の話でいつも盛り上がる。それだけ濃い青春時代を過ごすことができたのも親友の存在が大きい。

そのメンバーが担任の中山道郎先生からひどく叱られたことがある。夏休み前に発行した校内新聞の記事が大きな騒動になった。そのタイトルは「かかあ天下と空っ風」。クラス内の雰囲気がどうも女子に牛耳られていることを嘆きつつ、ちょっぴり皮肉をこめて新聞委員が記載した。

メンバーが首謀者と疑われたのか、先生に呼び出されて強く叱られた。理由は、記事内容が特定の女子に擬されていて問題だと言うことだった。今で言えば、ハラスメントにあたりそうだが明確には覚えていない。少し「おませ」で「いたずら好き」の集団であったことは事実だ。

バスケットボールに出会ったのもこの頃。昼休みには勝手に相撲部屋を作り、互いに競いあった。放課後は野球やソフトボールを楽しみ、帰りには市内の柔道場によって帰宅する毎日であった。

当然、猛烈な空腹である。弁当は母の手作りの「ドカ弁」を持参し、夕食もどんぶり飯のお代わりである。

仲間はよく勉強したのか、それぞれが個性的な道を歩んでいる。多彩で才能ある教師に恵まれたことも大きい。中でも東京大学に進学し、学者になった河村清君は抜群に成績優秀であった。

ある時、なぜそんなに良く出来たのか？　と聞いたことがある。その時の彼の答えは忘れられない。

「浅田と違って、俺は伊勢市から電車通学で家に帰っても学習する時間がない。そこで、授業時間中に覚えることにした」

そんなことが出来るのかと疑ったが、そこが集中力の差かなと今では思っている。

荒木茂夫、藤田学、井村正勝、谷中義人、河村清、山本弘、清水俊久の諸君との出会いに感謝、感謝の中学時代であった。

「附中連」メンバーと（左から２人目）

津高校に進学

中学時代は楽しい思い出で満たされている。新しい家にもなじみ、自転車通学も苦にならなかった。当時、石川啄木、高村光太郎の詩に傾倒していた。大好きだった何篇かの詩は今でも暗唱できる。

啄木の詩に「不来方のお城の草に寝転びて空にすわれし十五の心」がある。まさに15歳の時、津城址で私は何を思っていただろうか？

「君に似し姿を街に見る時の心躍りをあはれと思へ」もいたく感動した。記憶にあるのは、思春期の通り道であったのだろう。

県立津高校に入学したその日から、バスケットボール一色の日々が始まる。2年先輩のバスケット部のキャプテンが姉の友人であったこともあるが、実は柔道部や陸上部からも入部を勧誘されていた。

附属中は運動部が特に強いわけではないが、私は比較的運動の方では目立っていたのかもしれない。最も好きなバスケット部に入って幸せだった。姉は同じ高校の陸上部だったので〝おっちゃくい（横着い）〟弟が違う部を選んでほっとしたのではないかと思う。

入学してすぐに春のインターハイ予選に出場することになった。その後、2年生の新人戦で準優勝を果たし、3年生ではインターハイ優勝を狙うチームに成長した。キャプテンにも任命されチームメイトにも恵まれ、今でも同級生のメンバーである村木正二、荒川猛、廣部肇君たちとは交歓を果たしている。

思い出は多くあるが、最も心に焼きついているのは中川亮太監督との出会いである。監督は化学の先生で、私たちが2年生の時に赴任された。バスケットの選手経験はない。いつも白い実験コートを羽織ってコートに立たれていた。

夏の練習のある日、「浅田君、少し話がある」と呼ばれた。

「しばらく留守にするので練習に参加できない。留守中をよろしく！」

理由は「内緒だぞ」と釘を刺された。なんと、審判の資格を取るための合宿に参加すると宣言された。

「私は選手経験がなく、君たちに実技は教えられない。しかし、審判資格を取ってルールに精通し、戦略的な支援が出来るようになりたい」

うれしかった。「がんばってください」と申し上げた。

監督は見事資格を取られ、その後、三重県バスケット協会の重鎮として長く活躍された。３年前にご逝去されたが、今でも感謝の念で一杯だ。

何事も貢献する方法は一つではない。全体最適のために何ができるかを考えることの重要性を中川監督は教えてくださった。

バスケット部メンバー。中川亮太監督、村木正二、内山輝彦、廣部肇、荒川猛、私、落合正夫（後列右から）

父の教え、母へのお詫び

バスケット一直線だった高校時代には、ほろ苦い思い出もある。

高校2年秋の九州地方への修学旅行。別府へ向かう船旅の途中で起こった飲酒事件である。運動部仲間がとある一室で飲酒をしていた。旅行中の開放感もあり、のぞいてみた。いたずら心で一杯飲んだが、査察の教師に見事発見されて御用となり、帰宅後に謹慎処分を受けた。

家に帰って父に事の顚末《てんまつ》を報告した。軍人の父である。殴られることを覚悟したが、言われた言葉は「絶対に仲間の誰もいた、彼もいたなどと告げ口するような言動は許さない」であった。それだけである。

軽率な行動を後悔したが、なんだか救われた感じがした。このような時に大事なことは「信義」だと教えてくれた父には深く感謝している。

母にはその後心配をかけた。このときは学校に呼び出され、同席して市川一郎校長から叱責を受けた。母に恥ずかしい思いをさせてしまった悔いが今でも残っている。その時の校長の言葉は絶対に忘れない。

「その年でそんなに酒が好きか？　それならば病気だ！　三重大に良い治療をしてもらえる友人の医者がいる。紹介するから行くか？」

笑いをこらえるのに必死だった。「ありがとうございます。飲まなくても大丈夫です」と丁重にお断りした。母は帰り道で「良い校長先生で良かったね。仏さんが守ってくれたんだよ！」と言っていた。

謹慎中は毎日、大親友だった野球部マネジャーの居崎三郎君が当日の学習ノートを届けてくれた。彼とは大学進学時も一緒に上京し、同じ下宿で過ごした仲。行き届いた友情に今でも感謝している。

バスケット部の中川監督には、キャプテンの辞退を申し出た。その時も「取り返すべき信頼はコートで皆に返すことだ」と言われた。温かく厳しい指導であった。

そんな高校時代に大学進学の意志決定の時期が来る。大学は東京、と中学時代から決めていた。中学の関東への修学旅行中に見た〝大都会東京〟が、魅力的であったのが単純な志望動機だ。担任の女性教諭、佐野由子先生からは「早く志望校を決めろ」と矢の催促があったが、ケンブリッジだとかオックスフォードだとか冗談を言っては困らせていた。心の中で第一志望は早稲田であったが、残念ながら成績が不足していた。

幸い、中央大学経済学部に入学できた。「受験は水物」だからだろう。中学、高校と一緒の親友、谷中君が学部は違うが（法学部）中央でも一緒であり、縁をつないでいた。波乱万丈の大学生活がスタートする。

父（右）と

人情豊かな街・津

津市は京に近く、平安時代から重要な外港・東国《あずまのくに》への玄関口として栄えた港湾都市であった。当時は「安濃津《あのつ》」と呼ばれ、「博多津・坊津・安濃津」の日本三津《さんしん》と数えられていた良港であったと聞く。

またもう一つ、日本三大観音が津市に存在することもあまり知られていない。有名な浅草観音、名古屋の大須観音、そして津観音である。

伊勢神宮への参拝の要所でもあり、鈴鹿山系にかけての美しい山々、名水に選択される河川、そしてリアス式海岸の続く素晴らしい漁場と、自然に恵まれた環境。気候は温暖で人情豊か、おとなし過ぎるのが津市民の課題と言われる。

そのような津市で子供時代を送ることができたのは幸せであった。学校で、特に学業が優秀であったわけではないのに、何かと小さい時からリーダー役を引き受けることが多かった。ガキ大将だったのだろう。

しかし、その経験はビジネスマンになってから、有形無形で大いに役立った。協調感をいかに醸成するかという場面に立ち会ったことが有意義な経験となった。子どもは率直、かつ大人より厳しく、よく見ている。鍛えられた。

父母は10歳の年齢差があり、私が生まれた時は母が22歳で、父が32歳であった。姉とは2歳離れており、弟は5歳差である。3人の仲の良さは今でも続いている。小さい頃は姉にくっついて、多くの習い事も一緒に行った。姉は小さい弟の面倒も見ていたが、私にはその記憶は無い。遊ぶことに忙しかった。

叔母と母には映画によく連れていってもらった。叔母とはほとんど洋画であり、西部劇が多かった。母とは日本映画の時代劇が多かった。いずれもその後の記憶に残っている。楽しい時間であった。母は日本舞踊が得意で、歌もうまかった。私が古い歌謡曲を知っているのは母と一緒に歌っていたからだ。粋《いき》な人であった。

私は小さいころからお洒落《しゃれ》にも関心があったが、これも母の影響だと思う。父からの遺伝子は酒にいささか強いこと、正義感、外面が良いことぐらいかなと思う。主計の知識、字の上手さが似ればよかったのに残念だ。

さて、憧れの東京へ出発する日がやってきた。18歳で津市を離れるに当たり、心の中で独り立ちへの強い覚悟をした。大きな庇護《ひご》の下から飛び立つ覚悟だ。津市駅の独特の「なまこ塀」を後に、母に手を振られながら旅立った。懐には石川啄木と高村光太郎の詩集があった。

母（左）と姉（右）にはさまれて

いざ東京へ！

東京での最初の下宿先は、新宿区早稲田鶴巻町の森田塗装店の2階である。1階は塗装店と小さなカウンターだけの寿司店であった。早稲田には入学できなかったが、その正門近くに住むことになった。

2階は6畳と3畳、板張りの縁側がついていた。そこに居崎三郎君と住まった。大学は違ったが真の親友であり、愉快な生活をスタートした。

塗装店のおやじさんの夕方は早い。薪《まき》で沸かす湯船でおやじさんは得意の浪曲をうなる。その節《ふし》を後について一緒に歌わされた。

「旅行けば～駿河の国に茶の香り…」

浪曲師、広沢虎造の十八番。今でも覚えている。私にはこのような父親との触れ合いは少なく、なぜかうれしかった。

寿司店は「東寿司《あずま》」と言う。剛《たけし》さんが大将で、子分は勇ちゃんだった。店が終わるころになると2階から降りていき、のれんを下ろすのを待つ。そして掃除である。

シャリが残っている日はラッキーであり、残りのネタで名物「東どんぶり」にありつける。腹を空かしている2人にとっては天国のご馳走だ。今、私が寿司にうるさいのはこのとき仕込んだ知識のお陰である。

中央大学には都電で通った。30分から40分の行程だ。駿河台は学生の街であり、多くの学生でにぎやかであった。明治、日大、専修、そして書店、古書店が続き、喫茶店街でもあった。クラシック喫茶の「古典」や「丘」などにはよく行った。

近くの聖橋《ひじりばし》、ニコライ堂、湯島天神などは有名な散歩コースであり、友人たちとよく歩いた。後にパリを訪問した時にカルチェ・ラタンの学術的な雰囲気に触れ、何か当時と同じ匂いを感じた。すべてが新鮮、すべてが異体験、そして全てが楽しい。

大学時代はまさに遊学をさせてもらった感がある。三重県津市の田舎を離れ、日本のど真ん中の東京で生活をすることに強い憧れを持っていた。色々なアルバイトも経験して新しい世界を学んだ。多様な友人ができて交友が広がり楽しい毎日であった。

ちなみに、学籍番号は19組42番であり、自分の生年月日の１９４２年と重なっており今でも忘れない。

中央大学学生証の写真

中央大学時代

大学へ行くのは楽しかったが、学業に精を出した訳ではない。授業に行けば友人と会える。そこで、特に親しい2人の友人を得たことは生涯の宝となった。大分県臼杵市出身の立花正敏君と、宮城県石巻市出身の伊妻壮悦《そうえつ》君である。夏休みなどには互いの故郷を訪問した。しかし、立花君は残念ながら少し前に病気で亡くなった。

伊妻君は東北大震災の津波を奇跡的に乗り越え、元気でいてくれている。震災後に電話をしても通じない。会社の仙台支店を通じて色々な呼びかけをしたが応答がない。諦めかけていた時に、朗報が入った。従妹の方から「伊妻は無事です」と連絡をもらった。すぐに電話で連絡を取った。2階に息子さんと逃れていて、水は床上まで来たがギリギリ助かった。

外洋漁業の船主であり、地域の漁業組合長でもあった。幸い船舶無線が手元にあり、それが救助につながったと聞いた。

悲惨な災害であったが、一つの運が死命を峻別《しゅんべつ》する現実も知った。彼は前年、自宅裏に強固な倉庫を作り、それが堅牢な壁となって家屋の倒壊を防いでくれたらしい。「まさかの坂」はいつでも起こりうる。私がリスクマネジメントに力を入れるのはこの災害から強い啓発を受けたことによる。

話は戻るが、友人たちとの遊びが過ぎるとアルバイトでは生活費が追い付かない。そこで親に無心となる。何かと理由を付けて母に伝え、父の送金を待つ。母に苦労を掛けたと反省するがもう遅い。

現金書留には太い達筆の表書きがあり、父からの簡単な手紙が入っていた。常に「前略」で始まり「不一《ふいつ》」で終わる。

「申し越しの2万円送ります。無駄使いをせず、勉学一途に願います」

短い文章に嘘を見抜かれて、それでも送金してくれる父母のありがた味を感じるとともに心の痛みが残った。感謝は尽きない。

不思議な縁だが、その後に食に縁のある人生を歩むのは、大学時代の下宿生活に端を発している気もする。2年生になって、部屋が狭すぎるため2人一緒に下宿を変わることにした。今度は大きな米屋さんの2階である。

この下宿は甲州街道に面しており、1964（昭和39）年の東京オリンピックで、この甲州街道を走り優勝したマラソンのアベベ・ビキラ選手の印象は鮮明に覚えている。

大学時代の仲間たちと（右から２人目が私、後列左から２人目が立花正敏君、前列左から２人目が伊妻壮悦君）

ケネディ暗殺と東京オリンピック

新しい下宿も米屋さんの営業が厳しくなり、再び下宿探しとなった。そして、また居崎君と一緒に小田急線祖師ヶ谷大蔵《おおくら》の新築下宿に住まうことになる。近所には高校時代の友人、石川紀男君も下宿しており、新しい下宿は都内で生活する津高校出身の仲間が時折集まる集会所になっていった。大家の佐藤さんは農家であり、寿司屋、米屋、そして農家と下宿先はやはり食でつながった。

佐藤さんのアパートにはその後も、津高校出身者がリレー式に住むようになった。石川君の弟や、高校は異なっていたが私の弟も仲間入りさせてもらった。津高校の仲間と浅田家のレシピによるすき焼きをしたり、中央大学の親友も加わり、まるで合宿である。もやし炒めだけの夕食でも大いに盛り上がった。お金はなかったが心は豊かな時代であった。

4年生の時に開かれた東京オリンピック（1964年）には、なんとクラスから2人の優秀な選手が出場した。1人はボクシング・バンタム級で金メダルを獲得した桜井孝雄選手であり、もう1人は水泳の1500メートル自由形で6位入賞の佐々木末昭選手である。

中央大学は当時、全てのスポーツに強く、野球は東都大学野球で常に優勝を争い、お正月の風物詩、箱根駅伝では優勝の常連校。一方で法学部からは司法試験、経済学部からは会計士に多数合格し、白門《はくもん》（中央大学を象徴する呼称）に在学することが誇らしい気持ちになった。

この時代の二つの出来事は決して忘れることはない。一つは1963（昭和38）年11月22日のジョン・F・ケネディの暗殺事件である。いまだ謎の多い事件ではあるが、何か言うに言われぬ不安を感じ、唯一の情報源であるラジオで終日ニュースを追っていた。ベトナム戦争の混迷とともに大きな変化が近づいていた時代である。

もう一つは同じ年、1月15日の成人式。母から電報が届いた。

「成人おめでとう。人様のお役に立つ人になってください」

母は電報が打てるのだ！　との感動とともに、心からの励ましにうれしく涙を抑えきれなかった。

大事にしていた電報をその後の数多くの引っ越しで無くしたのはつくづく残念である。母ちゃんごめんなさい。少しは役に立てる人になっただろうか？上から見ていてくれる気がする。

オリンピック祝勝会（最前列右端が佐々木末昭選手、２人目が桜井孝雄選手、最後列左から２人目が私）

人生は縁

学生生活も終わりに近づき、就職活動が始まった。マスコミ関係か、堅実な選択なら食品業界と考え就職活動をスタートしたが、不況下で就職戦線はすこぶる厳しい。なかなか内定が取れない。その時、『ワイングラスから飛行機まで』という刺激的なタイトルの本に出合った。

その当時、まだ形もなかった「カタログ販売」の大きな夢を語る内容であった。その企業を受験し、合格通知が届いた。しかし、入社後の自分の姿に胸を膨らませていた12月、運命は大きく動いた。

よく利用していた祖師ヶ谷大蔵駅前の定食屋さん「阿部食堂」に行くと、店主の阿部浩さんから言われた。

「浅田さんが就職する会社の人がよく店に来るんだけど、一度会うかい？」

何だか不吉な胸騒ぎを覚えつつもお会いした。近くの喫茶店で聞いた話は仰天する内容であった。

簡単に言えば、経営状況が思わしくなく、立て直しの最中なので入社するには辛いかもしれないとのことだった。悩んだ末、思い切って断念した。茫然《ぼうぜん》自失。いったん帰郷し、父母に状況を説明すると母が言った。

「自分の姉が食品問屋の偉い人と懇意にしている」

その「偉い人」は三重県の醸造商品販売問屋のトップに近い方で、大阪のイカリソースを受験してみてはどうかということであった。

新卒の試験は終了していたが、偶然にも中途の営業部員を募集していた。事態はひっ迫し、選択の余裕はない。早速応募した。

当日は結構な人数が集まっていた。イカリソースは現在〝関東の雄〟であるブルドックソースの傘下に入ったが、当時の関西においてはソース業界に確固たる地位を築いていた。

新卒採用でないので周囲は「おじさん」ばかりだったが、筆記試験は新卒に有利である。小論文では「コミュニストとベトナム戦争」といった当時の学生らしい生意気な小論文を書いた記憶がある。

後で聞いた話では、大事な得意先の紹介だから試験は受けさせるが「残念ですが…」と断わる筋書だったそうだ。ところが、社長面接で「面白い人物」と評価され、採用に至ったという。これは頑張らねばと思った。そうでないと母にも、伯母にも、紹介をしていただいた「偉い人」にも迷惑をかける。そんな思いで大阪に向かった。

学生時代に通った「阿部食堂」は今も健在

イカリソースに入社

本社での研修がスタートした。中小企業ではまだ大学新卒が珍しい時代でもあり、先輩たちには何かにつけて可愛がってもらった。生産現場の研修では、野菜の煮込みを大きな木樽で仕込むところから学んだ。独特のスパイス配合が味付けの肝であるが、その過程もつぶさに教えてもらい、今では考えられないようなフランクで温かい雰囲気の企業であった。

工場は午後4時には終了する。そして、本社内にある大風呂に入りスパイスの香りを落として夕食。私はその後、着替えて宣伝課に出入りしていた。

野町浩男宣伝課長は怖い存在であったが、その部屋に入ると新しい文化の香りがあった。宣伝ポスターや販促道具、色々な雑誌や本が積み重ねられ、課長の話を聞くのも新しい知識を得る大きなチャンスとなった。営業部の先輩も出入りしていた。何か自分が好きな仕事の方向がここにあることを感じ始めていた。

イカリソースは当時、長野県の関連工場でトマトケチャップも製造していた。その工場に新卒生研修に行った私は、事故に遭遇した。ビール瓶にケチャップを充てんし、王冠を次々と機械で打栓《だせん》していく作業中、その打栓機で左手中指を挟んでしまったのだ。指は第一関節先で大きく切れて下がっていた。運ばれた山間の病院で痛みをこらえて接合手術をしてもらい、朝まで一睡もできずに悶々とした時間を過ごした。その後、大阪、津市と再手術をした。

中指は少しの傷跡と7ミリほど短くなったが、今もしっかりと働いてくれている。私が社内の労働災害に人一倍問題意識を持ち、発生ゼロを強く求めるのは、この経験によるところが大きい。

母に事故を報告した時、「指は付いているか？　良かった！　お母さんが悪かった」と電話口で泣かれた。就職の糸口をつくったことを悔やんでいたのだ。全て私に原因があるのに、かえってとてもつらかった記憶がある。

新卒研修を終え、食品課に配属された。直接の上司は干貝《ひがい》孝三郎氏であった。食品企業に詳しく、営業部門のエース。神戸から大阪の阪神間にある美味しい店をよくご存じで、有名店にもよく連れていってもらった。当時の私にとっては憧れの人で、食品企業に従事する者は、多様な面で食の知識に明るくならねばと思った。

イカリソース時代の慰安旅行（後列左端が千貝孝三郎氏・前列右端が野町浩男氏、後列中央が私）

全てが師匠

流通革命の真っただ中にあって、新進気鋭の小売業を担当させてもらえたことは貴重な体験だった。

当時、醸造メーカーの大得意先は酒販店問屋と乾物系の食品問屋だったが、アメリカのチェーン理論と店舗経営技術を背景に多くのスーパーマーケットが流通市場に参入し、競争の新しい舞台となった。イカリソースでは新興勢力として台頭してきたスーパーチェーンは若い人材に任されることが多かった。私もその一人である。

中でも灘神戸生活協同組合（現・コープこうべ）は、新人営業マンに貴重な成長の機会をプレゼントしてくれた。毎日訪問する店舗では販促企画を、優秀な他メーカーのセールスマンからは商談のコツを学んだ。新人には何でも聞ける強みがある。私にとって新しい流通を学ぶのは得意先であり、他メーカーの営業担当の方々であった。「全てが師匠！」の考え方の大切さをここで知った。

忘れられない言葉が3つある。

まず最初は、新人研修の時だ。ソース瓶の入ったいくつもの重い箱を指示通りに片付けると、課長はその箱を別の倉庫に運ぶように指示した。そこで新人3人で運び、意気揚々と報告すると、次の指示はなんと！「今一度、最初の倉庫に戻せ」であった。さすがに意味がないと感じて、年配の課長に「この仕事の目的はなんですか？」と聞いた。

その時言われたのは「世の中の仕事には理不尽なことも多い。サラリーマン人生最初の理不尽な命令だ」。いつも、意味はあるのか？　目的は？　と問う習慣が身についたのはこの時の言葉であった。

もう一つは、野町宣伝課長の言葉。ある販売課長が重要な報告を聞いていないと部下を叱責した。野町課長は問われた。

「常に報告を受ける態度がなかったことに問題がある。現に別の販売課には常に報告が上がっている。どこに差があると思う?」

新人の私に分かるはずもないが、今も「報告・連絡・相談」の重要性を話すたびに、聴く準備と態度ができているかと自問する。

三つ目は、灘神戸生協六甲店の阿曽彦次郎店長の言葉。

「一流のマーチャンダイザーとは、ここにある小豆を見て触って、等級、産地、価格、重量までが分かる人だ」

小豆が〝赤いダイヤ〟とも言われた時代である。鮮紅色《せんこうしょく》の小豆の印象とともに、食品の仕事の奥深さを強く知らされたシーンである。言葉には千金の重みがある。

イカリソースの営業時代

結婚

入社後、先輩に恵まれ多くの経験をしてきた。創業家2代目社長の木村晃氏は関西経済界の重鎮の1人であり、木村家は名家として存在していた。小企業であったが、ブランドは関西では確固たる位置を築いていた。

大阪本社から神戸地域も営業活動をしていたが、阪神間には多くの小売業が台頭し、熾烈《しれつ》な流通戦争を展開していた。そこで神戸営業所を神戸の中心地である三宮に開設することになり、干貝課長とともに5人のチームで新しいスタートを切った。

小売業は出店競争を繰り広げ、私が担当する灘神戸生協も出店を重ね、業務成績は市場の拡大につれて伸長していった。何よりも流通事業の担当を通じて、変化するマーケットの動きや新しい販促活動の在り方、消費の動向などを学ぶチャンスに恵まれた。

その後、マーケティング活動の重要性を知り、かつ、その面白さも理解し、広告宣伝活動の重要性とともに単なるセールス活動のみでなく、もっと幅広く営業の仕事に取り組む方向性を目指し、努力して行きたいと感じるようになっていった。

まだ、マーケティングの概念や活動が本格的となっていない時代であるが、変化の足音は確実に近づき、自分の生きていく方向はその先にあると考え出していた。

その頃、本社の経理課にいた植村文子との出会いがあった。研修で、そろばん実習の手ほどきを受けたのがきっかけだ。年齢は一つ下であるが、会社では先輩。営業部の先輩たちが女子社員との会合などを行っており、時折一緒に参加することで距離が近くなっていった。

社内恋愛は禁止ではなかったと思うが女子社員は先輩の目が厳しく、特に、東京の大学出身で周囲の大阪人とは異なる新人との交際などは歓迎される雰囲気ではなく、何となく秘めたような雰囲気で交際がスタートした。

結婚する気持ちを固めて母に話した。植村家にも伺い、温厚で物静かな印象であった彼女の父にあいさつを済ませた。

その後、文子の母と一緒に津市の実家を訪問してもらった。和服姿で、玄関先で2枚重ねの足袋を1枚取る姿を見て、そのような躾《しつけ》を受けてきたお嬢さんだから、きっと良いお嫁さんになるよ！　と母が言ったのを覚えている。

双方が25歳の2月18日に、大阪・天満にあった松坂屋（現・京阪シティモール）の長生殿で結婚式を挙げることができた。

大阪で挙げた結婚式

二つの披露宴

披露宴も大阪で行った。披露宴の司会は中学校、高校、大学と同窓生であった谷中義人君にお願いした。後に、彼の披露宴の司会を私がさせてもらい、今でも夫婦ともども交際している。

披露宴には親族や友人など以外に、取引先の灘神戸生協の方々に参列していただいた。これまで述べてきたように、何も知らないビジネスマンとしてスタートし、流通業のイロハを教えていただいたメンター（師匠）のような皆さんである。感謝の気持ちが強かった。仲人はイカリソースの常務にお願いしたが、実際の細かい段取りから全てを直属の上司である干貝氏にお世話いただいた。

取引先の阿曽店長が「浅田君は店長室に来てなかなか帰らないので色々な話をしたが、何となく最後には特売計画を組むとか、注文を出すことでお引き取り願ったことが多かった」とスピーチされたことは、いささか誇張であってもうれしいエピソードであり、よく覚えている。

新婚旅行は当時の定番である南九州であったが、カメラが故障でほとんど写真がない。大きなドジであり、申し訳ないと思っている。

神戸に戻った時に干貝氏が迎えて下さり、ごちそうになった。温かい空気が流れ、上司であったが少し年上の、そして頼りがいのある兄貴のような気持ちだった。後に転職を決意し、それを伝えた時にその後の人生で大事な「重石《おもし》」となる言葉をいただいたが、この時は他人への優しさの重要性を身をもって教えてもらった。

もう一つの披露宴がある。それは故郷、津市で行った父の関係者の方々への紹介の宴だ。津市の有名料亭「生月《せいげつ》」が会場であった。「生月」のご主人の竹中重夫氏は商業学校時代より、父の無二の親友であった。既にほとんどの方が鬼籍に入られているが、出席していただいた方々は津市の行政や経済界、友人の重責の方々で、緊張して席を回り、お酒を注ぎ、あいさつをさせていただいた。

父は終戦後、多くの苦労を超えてきた証を津市の著名人の招待客を前にして、長男の私に示したかったのではないかと思う。そんな父を私は誇らしかったし、尊敬もした。寡黙で多くの話をした訳ではないが、成長した私を故郷で披露することで、ある種の伝達式をした気持ちになったのではないだろうか。

現在の「生月」はお孫さんの竹中裕美さんが女将で、妹さんと切り盛りしている。その座敷を時折利用をさせていただいている。不思議なご縁である。

当時住んでいた団地で妻と

転職を決意

1969年、社会人生活5年目に入っていた。さらに流通業の変化が進む中で、私は大型小売業の担当が増加し、社内でもスーパーマーケット担当としての地位を確立しつつあった。その頃、中学で同級の井村正勝氏が井村屋製菓大阪支店に配属されてきた。高校以後の進路は異なっていたが、交友は続いていた。

久しぶりの対面であった。彼は大日本印刷を経て井村屋製菓に入社し、各領域の現場を回り、営業現場で最も大きな所帯の大阪支店に配属されて営業研修中であった。私はより高いビジネスマンとしての能力を磨く必要を感じていて、その頃にスタートした中小企業診断士の勉強を一人で始めていた（残念ながら取得は出来ていない）。

環境の異なる2人が出会って、将来の夢を語ることは刺激的だった。当然、彼は井村屋製菓の創業者の長男として、経営者の道を歩むことになる。

井村氏からその時、とても興味深い井村屋の挑戦を聞いた。それは1970年に大阪の吹田で行われる万博に高級アイスクリームの販売で参加する、という計画である。特別なルートで、アメリカの巨大な乳業メーカーであるフォーモスト社の1ブランド『ゴールデンステーツ』を井村屋が生産し、販売会社を立ち上げて万博会場のパビリオンで販売。世界各国から来場する人々に商品をアピールするという事業である。

無論、万博終了後は高級アイスの販売拡大を志向する壮大なプランであった。地方の〝まんじゅう・ようかん屋〟と思っていたが、将来へのビジネス展開を聞く中で、経営者である井村二郎氏の鋭い経営感覚と時代性への挑戦が興味を持つ対象へと変化してきた。そして「この万博販売を成功させるために井村屋に転職して、営業面で一緒に取り組んでみないか」と誘いを受けたのだ。

魅力ある挑戦であるが、正直迷った。妻は最後まで「あなたの考え方で決めてください」とのスタンスであった。それは解らないという意味でなく、どのような意思決定でも一緒に協力するとの力強い応援の意味であると理解した。

転職の意思決定をしつつあったが、尊敬する上司の干貝氏に相談した。話をじっくり聞いてもらった後、思いがけない言葉を聞くこととなる。

高級アイスクリーム『ゴールデンステーツ』のパッケージ

人の３倍働け

人生において重要な意思決定をする機会は必ず訪れる。大学卒業時の就職活動で起こった突然の方向転換でイカリソースに入社したが、今また大きな意思決定をする時が来ていた。

今回は社会人となって５年が経過しつつあり、結婚もしている。悩み、考え、その上で転職を決意しつつあったが、私のビジネスマン生活を、公私にわたり導いていただいた干貝氏に、井村屋製菓に転職を考えるいきさつを全てお話しした。

大変お世話になり申し訳ないが、人生を新たな選択にかけてみたいと、申し上げた。怒られることを覚悟していたが、ある意味拍子抜けするほど簡単に許しを得た。

「そうか、よく考えた上での決意であれば良いと思う。関西の小企業で収まっているることはないと思っていた。万博での勤務は願ってできるチャンスではない。世界を見る大きな機会になる。がんばってこい。ただし、一つだけ忠告がある。中学時代の同級生は井村屋の創業者の長男だ。周囲はその縁故で途中入社をしたと理解し、それは生涯ついてくる。そこで言っておきたいが、3倍働いて評価は同じだぞ！　その覚悟があれば飛び込め」

厳しい励ましだが、腹に響いた。3倍の働きが出来たかどうか分からないが、常に自己を励ます叱咤激励の金言《きんげん》となった。そして、宣伝課の野町課長にも励ましを受けた。

「経済も流通も変化しつつある。営業活動は単なるセールスの時代ではない。これまでの多くの勉強を今後は活かす番だ」

マーケティング思考の重要性を教えられた。自宅にお伺いし、「新しい出発のはなむけに贈る物がない。誰かからのもらい物だがもらってくれ」と頂いたのが紅茶セットだった。

白地にブルーの染付でオランダ風車の絵柄がある。後で気が付いたが、そのカップとソーサーの裏には「MADE IN OCCUPIED JAPAN」と刻印されている。家庭使いをしつつ大事にしている思い出の品だ。

そして、１９７０年3月までの勤務を終え、井村屋製菓に入社することとなった。万博での高級アイスクリーム販売に備え、にわか仕込みであるが工場でのアイスクリーム生産実習から新しいビジネスへの挑戦が始まった。一からの再スタートとなった。

野町課長から頂いた紅茶カップ

１９７０年　大阪万博

『ゴールデンステーツ』は〝金の州〟という異名のあるカリフォルニア州で販売されている、独特のスペックによる素晴らしい味だった。当時の日本にはない高級な味覚で、乳脂肪が高い割にはオーバーラン（空気の含入率）も高くなめらかで、自然のフレーバーや果実、チョコレートなどもぜいたくに使われており、まさしくリッチテイストであった。

まだ高級アイスが発売されていない時代だったので、非常に特色があり、業界には素人であったが商品はすぐに大好きになった。

このスペックを生産に、確実に取り込むことができる井村屋のアイス製造技術にも感動を覚えた。準備は既に整っていて、すぐに万博現場に突入である。世界から、そして日本中から多くの人が押し寄せてきた。

毎日会場内で商品を販売するパビリオンを訪問して、状況を掌握する。サンフランシスコ市館、コロンビア館、マダガスカル館などをはじめ万博内レストランへの納入も含め、数カ所でこのアイスを販売した。

最も評判が高かったのがコロンビア館のコーヒーアイスクリームとコーヒーソフトクリーム。マダガスカル館では、世界最高と言われるマダガスカルバニラビーンズを使用したバニラアイス、そして、チョコレートとマシュマロを組み合わせたサンフランシスコ州館のロッキーロード（でこぼこ道）アイス、オレンジ豊富なオレンジジシャーベット、イチゴ果実がたっぷりのストロベリーアイスなどは、今でもその味を思い出す秀逸な商品であった。

夕刻には明日の受注を取り、いったん帰社し事務作業をまとめる。その後、冷凍倉庫から積み出しを行い冷凍トラックと乗用車2台で会場に向かう。商品搬入は夜10時以降と決められていた。全てを搬入した後に乗用車で帰宅すると、多くは日付が変わっていた。

日中はフルに会場で勤務し、納品は交代で行ったが、会場責任者として気の休まる時はなかった。責任感と若さ、そして「３倍働く！」というプレッシャーの言葉が開催期間中の６カ月間を全速力で走らせてくれた。

大阪万博では、宇宙競争で覇を競っていたアメリカとソ連（現・ロシア）のパビリオンの人気が高く、「月の石」の展示などもあって多くの人が殺到した。あれから47年が経過したが、昨今の政治情勢を見ると、人類は本当に進化しているのだろうか？　と疑問に思う。ちなみに、大阪万博のテーマは「人類の進歩と調和」であった。

「太陽の塔」の前に立つ妻（右）

従業員入場証

素晴らしい出会い

大阪万博は大きなうねりのような、新しい世界を創出して幕を閉じた。その中での勤務は毎日が多忙の連続であり、瞬《また》く間の半年であった。私は出展者の特権として、多くのパビリオンを見学することができた。世界は広い！　そして、知らないことだらけ！　であることを痛感した。世界に向けて動きたいという衝動が芽生え始めていた。

アイスクリーム販売でお世話になったコロンビア館の館長一寸木《ちょっき》美一《はるかず》ご夫妻との出会いは、その後の人生において大きな意味を持った。一寸木という珍しい苗字の方であった。夫妻でコロンビア館の管理をされていた。無論、日本人であり、鎌倉武士の流れをくみ、流鏑馬《やぶさめ》の名手である。加えて小笠原流礼法の伝承者でもあり、なんとなく古武士の風貌を持たれていた。

その一方でアメリカ生活を経験されており、英語は素晴らしいネイティブ・スピーカー。英語力を活かして、東京農業大学農学部で育種学が専門の近藤典生教授の助手をされていた。世界に幅広い人脈があり、まさしくコスモポリタン（国際人）であった。

現代においてグローバルな活動にはリベラル・アーツの重要性が指摘されるが、まさしく日本の古典や教養に精通している人である。この方との出会いが、その後の海外との接し方や考え方に大きな影響を与えてくれた。

万博が終わり、一寸木氏ご夫妻との食事会が催された。その場で、この後どうされますか？　とお尋ねした。

「残務整理が終了したら、万博での疲れを癒しながらアメリカ、メキシコの友人を訪ねる旅に出ます。浅田さんもいかがですか？」

まことに魅力的な話をいただいた。翌年の春から45日ほどの日程。しかし、転職後半年の身、長期の休暇など取れる訳がない。諦めかけていたその時、一寸木氏の「井村正勝さんもご一緒にいかがですか？」とのヒントを頼りに本社に相談をしたところ、なんと！　許可が下りたのである。

初代社長であった井村二郎氏の判断であった。無論、出張ではない。個人的な旅行である。井村正勝氏も一緒に、が条件であるが、願ってもないチャンスである。60万円の旅行費用は、父親からの借金でまかなった。

羽田から出発し、ハワイ経由で憧れのサンフランシスコへ、そしてメキシコに渡り、ジャズのメッカであるニューオーリンズに戻って、その後東海岸に向かい、ほぼアメリカ一周の自動車旅行。貧乏旅行であるが、若い時でないとできない経験となった。

一寸木美一氏（左）と

アメリカへの旅立ち

1971年3月1日から4月14日まで、45日間のアメリカ・メキシコ旅行。無論、このように長期間、日本を離れる旅は初体験である。一寸木氏をリーダーに、一寸木氏の友人や万博での知人、そして私たちの総勢7名での出発であった。途中で帰国される人もいて、最終旅程を全て同行したのは井村屋の2人（井村正勝氏と私）と万博で知人となった河野氏であった。

互いの気遣いと、一寸木氏の博識とリーダーシップで終始、楽しい旅となった。特別な業務上の出張や赴任などを除き、このように長期で遊学的な旅行をするチャンスはないと思う。私にとっては全てが初めての土地、初めての経験ばかりである。憧れだったアメリカが現実の世界となって見聞できた。感激、感動、そして異文化体験の連続であった。ホームシックになることなど一度もなかった。まさしく小田実の著書『何でも見てやろう』の気持ちで過ごした45日間である。

決して裕福な旅ではなく、一寸木氏の知人宅にお世話になり、宿泊はモーテルやユースホステル、たまにリッチな時でもホリデイ・インであった。しかし、決して苦痛でなく、むしろ映画やテレビで見たシーンを体験できることが楽しかった。

途中でスーパーなどに立ち寄り、食品の買い出しをして、モーテルなどのキッチンでサンドイッチを作って食事をすることもあったが、それも良き思い出となっている。

もちろん、遠路は飛行機を利用したが、アメリカ国内とメキシコ国内の移動は全て車である。事前に国際免許を取得し、運転のほとんどは私と井村氏が交代で担当した。

レンタカーであるが大きなアメリカ車であり、仕様も異なる。今から考えるとよく運転できたと思う。ハイウェイも整備されているが、一般道も大きく広い。通常は60マイル（96キロ）制限である。ついアクセルを踏み込むと100マイル（150キロ）近く出る。

中西部を走っていた昼間に井村氏がパトカーに止められ、同日の夜間に私が車を止められた。突然横に覆面パトカーが現れて、サイレンとともに赤いランプが回転した。路肩に寄せられ、後ろのパトカーから大きな警官が2人降りてくる。映画のシーンそのままだ。どうする！　どうする！

警官による免許証とパスポートのチェック（左端）

パトカーに止められた！

その時である。一寸木氏が私たちに言った。

「何を聞かれても英語ができないということにしましょう！」

国際運転免許証は持っている。私たちはツーリストでパスポートもある。心配ない。

警官は私たちに向かってくる。チェックはされたが、道路標識を指さして「制限速度は60マイルだ。気を付けていきなさい！」といったことを身振り手振りで話して、無罪放免となった。パトカーの助手席には映画のシーンさながらにライフルが備えてあった。無論、警官はピストルをホルダーにさしている。怖かったが、得難い経験でもあった。

この旅行を通じてさまざまな体験をしたが、その後、国際的な取り組みを行っていく上での知識や知恵に役立っている気がする。

旅程を大まかに紹介すると、東京からハワイに行き、オアフ島からハワイ島を巡り、ロサンゼルスへ。そしてヨセミテ公園、サンフランシスコなどのカリフォルニアで2週間、そこから空路メキシコへ入り、主としてメキシコシティからアカプルコ、オアハカなど南部を回り、少し先にグアテマラが見える所まで足を延ばした。

イスラ・ムヘーレス島の透明感ある素晴らしい海岸で泳いだ。何もない砂浜には食用のウミガメがロープでつながれていた。もちろん今は捕獲禁止であり、その地が有数のリゾート地に開発されていると聞く。

メキシコでは10日ほどを過ごした。ピラミッドの景観、マリアッチのリズム、マヤ文明の遺跡、そしてメキシコ料理などの異文化を堪能した。空港の時計は狂っていたし、税関も私たちに日本のタバコを求めてきた。車が交差点で停まると多くの子どもが飛び出してきて、窓ガラスを磨きだしチップを要求する。

素晴らしい歴史とスペイン模様の美しい街並み、そしてカオスの世界。何だか圧倒されたが、最南端のタプチュラの農場にも日本人はいた。農場指導の商社マンであった。日本、さらに日本人の力はすごいと思い感動した。

今一度行ってみたい国である。お世話になった、時計商で成功された方の家で小さなエメラルドの付いたクルス（十字架）をいただいた。クリスチャンの義理の母の土産にしたが、亡くなる最期まで大事にしてくれた。今は妻が思い出とともに持ってくれている。

広大なアメリカにて（左）

アメリカ25州を巡る

メキシコから空路、ニューオーリンズに入った。マイアミかニューオーリンズのどちらかという選択であったが、ジャズのメッカに軍配が上がった。昼過でも何軒も続くバーからジャズが聞こえてくる。

入口からのぞいてみたら、「ホンダ、トヨタ」と声がかかる。日本人は全て自動車屋さんらしい。入る勇気はなくてちゅうちょしていたら、すかさず「日本人、見るだけね!」と日本語で言われた。ドッキリである。

ニューオーリンズからワシントンまで空路で移動し、その後、東海岸側を車で移動する。ワシントンでは一寸木氏の友人で大きな企業を経営する方の家に宿泊した。牧場を持ち、広大な庭は南北戦争の舞台だったという。庭でキツネ狩りができ、ピストルの試射ができる。スケールが違いすぎるのである。

ニューヨークでは自由の女神像の見物は定番であるが、ミュージカルを見る機会もあった。評判の『オー！　カルカッタ！』を観ることができて感激した。世界最高の都市はエンパイア・ステート・ビルディングの威容とともに強烈なパワーを感じた。

そこからナイアガラを見るためだけにカナダに入り、自動車の街デトロイト、さらに映画で知ったシカゴ、カンザスと移動。オクラホマ、アルバカーキ、グランドキャニオンと西部劇のシーンを彷彿《ほうふつ》させるサボテンとどこまでも続く道を、アパッチ族が今にも登場しそうな山並みを眺めながら走りラスベガスに着いた。

この間、約10日間の旅となった。中西部は色で言えばカーキー色。そこからいきなり、きらびやかなネオン輝く街に到着した。宿泊したホテルは有名な「スターダスト」であった。一寸木氏が思い出づくりにと、奮発して予約を入れてくれたのだろう。残念ながら今はないそうだ。

そこからロサンゼルスに戻り、アメリカの25州を巡りメキシコにも足を延ばした45日間の大旅行を終え、4月14日に東京に戻った。

一寸木氏は昨年（２０１６年）１００歳を迎えられた。両目は不自由になられたが、奥様から「この時の旅行が生涯で最も楽しかった、と何度も言っている」と伺った。私は経験という財産を得て多くのことを学んだ。生涯の宝となる旅であった。全ては書き切れないが、多くの出会いに心から感謝をしている。

グランドキャニオンにて

大阪支店勤務

大阪万博での高級アイスクリーム販売と、アメリカ・メキシコ旅行という貴重な経験をさせてもらった。ご縁の大切さを実感するとともに、世界の大きさ、多様さ、そして奥深さを知ったことが、その後の人生や仕事にも色濃く影響しているように思う。

帰国後の1971年4月に任命されたのは、大阪支店勤務。営業課に配属となった。井村屋製菓の社員として本業に従事する気構えを改めて感じた。当時の大阪支店（現在の関西支店）は支店の中で一番大きい販売高を誇り、全体の屋台骨を支えていた。支店長は森嶋章氏であり、将来を嘱望された最年少の支店長であった。

支店メンバーも若く、活気があった。その中で食品分野の販売担当に配属されたのは前職での経験を期待されてのことと思う。食品分野は「ゆであずき缶詰」、「氷みつ」、インスタントの「ぜんざい・しるこ」などがメインであり、関連会社が製造する「粉末ジュース」などもあった。しかし、季節に左右される商品が多く、カテゴリーとしての期待値は、菓子販売に比較すると低い環境であった。

販売先である食品問屋は企業力は大きいが、前職で流通小売業を担当してきた経験もあって得意分野である。着任早々より、水を得た魚のごとく自信を持って新たな挑戦に臨むことができた。より成長が期待できる分野であると感じていた。

しかし、慣れるのに従い問題も見えてきた。変化する流通事情に対して、対応力が弱い。旧態依然とした販売手法が基本であり、販売促進などのアイデアも陳腐であった。若い営業部員の成長にも課題があり、何かフラストレーションを私も、若いメンバーも抱いていた。

そこで、毎週木曜日の夕刻に若手社員で勉強会を開いて、情報交換をすることにした。木曜日にしたのは「日経流通新聞」の発行日であり、勉強する素材が提供される日であったことによる。その勉強会の名前を「あすなろ会」と名付けた。自由参加で取引先情報の共有や販促計画などを議題に、相互の成長を図る会としていた。ところが、この会の趣旨が誤解されて本社に伝わっていく。

第二労働組合を大阪で作る動きがあるとの中傷であった。

「エーッ！」である。

当時の大阪支店

大阪支店奮闘記

森嶋支店長から話があると言われた。

「本社から、浅田君が若手社員を扇動しているような動きがある、との話が聞こえてきたが本当か？」

「その会合は若手営業マンが主体的に行っている情報交流と販売促進などの勉強会です」と説明すると、支店長は「間違いないな！」と言われただけで他には何も聞かれなかった。誤解から私を守っていただき、行動を理解してもらえてうれしかった。

転職して間もない若造が出すぎたことをしても、じっと見ていてくれている上司がいることほど心強いことはない。この人の下なら頑張れる、と思った。

「あすなろ会」のメンバーは順調に育ち、その後、井村屋の企業戦士としてそれぞれの立場で活躍している。「あすなろ会」のことを思い出して、当時の話をしてくれる部下もいて、「皆で努力してきて本当に良かった」と考えている。学習する楽しみや教育の重要性を知った第一歩であった。

この頃、営業マンの活動は、大きく変化する流通環境に対応して大型小売業に商品導入をいかに図るかが最も重要と考えられていた。

大型小売業への帳合い先は、野田喜商事（現・三菱食品）特販部であった。季節性が高い商品は早めの仕掛けと特売計画のスケジュール化、そして売り場での顧客訴求企画が一体となって動く。そのためには中間流通の小売業担当の営業マンとの関係性を良好にし、二人三脚で小売業へのアプローチが必要になる。

季節性の高い商品ほど在庫コントロールは難しい。在庫と供給責任を担当してもらう問屋さんとの協働は欠くことが出来ない。先ず信頼の確保が大事であり、「浅田に任せて安心！」という信頼を得るためには、販売計画の立案提示から始まる。

毎日とにかく特販部に顔を出す。そこから得る小売業情報は千金の値となる。前職の経験が大いに活きてきたし、小売業への販売促進企画も通るようになってきた。

大阪支店に着任した時は自分の机がなく、長机を新入社員と共同で使用していた。

「3カ月連続で予算を達成したら浅田君に机を与えよう」

支店長が約束してくれた。知恵を絞り、新しい動きを導入して達成した。専用の電話と机が与えられた。一人前と認められた瞬間であり、真のチームメートとなった気がした。

野田喜商事との野球の練習試合（２列目右から３人目）

システム思考教育

大型量販店への販売で売り上げも伸長してきた。「あすなろ会」も継続し、支店内には若手営業部員を中心に新しい波動が出てきた。現在のマーケティング活動への芽生えであるが、これを強く意識していたわけではない。何か変化が必要との思いであった。

この頃、本社から新しい研修計画が示され、先輩課長とともに大阪支店から参画させてもらった。それは「システム大学」という名の研修であった。当時において最も進んだ論理的思考を身に付けるための教育である。

各部署から選抜された若手・中堅メンバーで構成され、毎週末に本社で行われた。指導は東《ひがし》富三郎先生で、強烈な個性と優れた頭脳の持ち主。ついていくのは至難であった。

目的を明確にするのが最初の関門。そして、その目的を達成するために論理的に実行可能な項目を解析していく。その考えをシステム的に、つまり論理性とつながりを持って解いていく。帰納的な従来型の考えでなく、演繹的な手法なのだ。今まで慣れ親しんだ考え方の反対にあり、苦痛であった。

先生は「頭に汗をかけ！」とよく言われた。思考が最終のエレメント（要素）にたどり着くまでには、かなり知的生産性が鍛えられる。このシステム思考教育が私のビジネス人生を大きく変えた。この思考方法に出会えなかったら今の私はないともいえる。1972年当時にこうした教育を導入した井村二郎氏の慧《けい》眼には、将来への人材育成が見えていたのだろうか？

井村屋では現在も企業内教育で論理的思考を学び続けている。「考える力」を付けることが人財育成には最も重要であり、大きな武器となる。システム思考を学ぶことで、目的を明確にして分析を行い、優先順位や重要性の掌握、量的な評価などを行う考え方が自然と身に付いてくる。卒業時のシステム思考発表会で東先生から思いがけなく「よく出来た」とのうれしい評価を頂けた。

その時の課題は忘れもしない「10年後の井村屋を予測し、重要経営課題を導き出せ」である。システム展開の結果、大事なエレメントの一つに「10年後の経営陣の交代」があった。経営者の皆さんの前での発表である。不遜《ふそん》であるとともに、今思い出しても汗顔《かんがん》の至りだ。東先生の社内教育はその後も続き、多くの生徒に影響を与えた。

東先生からは2003年の社長就任時にお祝いをいただいた。『飛翔』という題名の金属の置物で、私の執務室にあり常に私を叱咤激励している。

東富三郎先生からいただいた『飛翔』

大きな変化

システム思考の受講は大きなインパクトを伴って終了した。現在でもその時に学んだ思考方法は、ビジネスにおける意思決定に大きく影響している。頭脳の一部になっていると言っても過言ではない。この機会を得たことは本当に大きな財産であった。「頭に入れれば重くない！」との言葉が好きだが、その通りだと思う。

これまで、人財教育こそリーダーのなすべき最大の責務と考え努力できたのは、この経験があったからだ。井村二郎氏は「商品こそわが生命《いのち》、人こそわが宝」と会社設立時の社是に残しているが、まさしく企業発展の鍵は人財にあり、そのためには先進的な教育が求められる。

若いメンバーへの「考える力の増強」はまさに強力なメソッドであった。私も自ら考える力を保持することが、時代の変化に常に耐えられる基本的な力量になると考えており、これを社内教育の根幹に置いている。

さて、日常的には食品関連の営業担当としてリーダーの役割を負いつつあった1971年5月に、待望の長男が誕生した。英伸《ひでのぶ》と名付けた。活発に強く成長する子どもであってほしいとの願いからだ。父親の私は生まれる直前の3月から4月にかけてアメリカ・メキシコを旅していたのだから、実に呑気な話だ。

妻には身重な体で留守を守ってくれたことに感謝している。その頃の住まいは兵庫県西宮市の浜甲子園団地であったが、妻の両親が近くに引っ越してきたので、何かと心強かった。

弟の克己《かつみ》も近くに勤めていた。灘神戸生活協同組合に就職しており、職場も浜甲子園店であった。私とは5歳違いであり、明治学院大学に在籍中から流通業への就職を目指していた。商売人の子どもであることは私と変わりはない。

商いに魅力を感じていたのだろう。

ある時、「関西にも灘神戸生協という立派な流通業があり、まだ募集している。募集要項を送るから検討してみたらどうか」と電話で話したことがきっかけだ。世の中の縁や運は本当に分からない。彼のビジネスマン人生もここから始まることとなる。

長男の英伸を抱いて

思いがけない転機！　アメリカへ

弟は支部営業担当として、自転車で組合員のお宅を回る地味な出発であった。自身が描く流通マンとしての姿とは異なるスタートであったと思う。私も紹介して良かったのか、と思うこともあった。しかし、弟はその後粘り強く努力を重ね、１９９５年1月17日に発生した阪神淡路大震災の時には西宮店の開店準備室の責任者として重責を担っていた。

震災では生協組織全体が甚大な被害を受けた。弟は事業の根幹であるシステム回復に全力を注ぐという責務を負った。その後、コープこうべの理事、組合長、全国生活協同組合連合会の会長を務めた。

彼も大変な時期に経営を委託されたが、リーダーとして活躍し、大きな組織をけん引してきた。並大抵でない苦労を経験してきたと思う。

私とはメーカーと小売業という立場の違いはあったが、商いの心を受け継いだのは、「浅田屋」の商売人としてのＤＮＡが兄弟ともにあったのではないかと思っている。

話は戻るが、1972年秋のある日、森嶋支店長から言われた。

「本社から話があるので来てほしいと要請があった。内容は不明だが行って来い」

本社に行って井村二郎社長はじめ取締役の皆さんから告げられたのは、新事業立ち上げの構想だった。その新事業とはレストランビジネス。そして、担当者の一員として新年早々からアメリカでトレーニングを開始するという。

メンバーは井村正勝氏と川戸正行氏と私の3人である。寝耳に水であるとともに、大変なことになったとの思いが駆け巡った。大阪支店に戻り、支店長に内容を話した。出発は迫っており、なすべき準備は多い。慌ただしい日々が始まった。

先ずは井村氏が一足早く出発することになり羽田に見送りに行った。一泊して大阪に戻る計画であった。しかし、帰りの新幹線に1時間乗り遅れた。言い訳できない失態だ。その日は年末の重要な支店会議があった。電話で遅れるという連絡をしたが、森嶋支店長の「時間の約束は守れ！」との叱責の声は今も忘れない。

大阪支店慰安旅行にて。森嶋章支店長（右端）
と私（左端）

大好きだった祖母との別れ

少し甘えていた。アメリカへの出発で心が浮き立っていた。しかし、やるべきは今の仕事を確実に達成すること。「時間の約束は守れ！」の一言に目を覚ました。時間厳守という信条を持つようになったのは、この時からだろう。

12月6日、遅れたが報告発表を済ませ、ほっとしたところで総務課長からそっとメモが渡された。そこには「祖母が亡くなられた。実家にすぐに電話をしてください」とあった。支店長に報告したが激怒を受けた直後であり、タイミングの悪いことこの上ない。支店長からは「すぐに帰りなさい」と優しく言っていただいた。

幼い頃は、おばあちゃん子であった。商いの根っこも、長男としての責任も、努力の重要性も祖母から教えられてきた。１００歳まで生きるといわれた丈夫であったが、入院してからはあっけないほど早く亡くなった。88歳であった。最期まで後始末が上手な人であったと思う。伊勢商人は「始末、才覚、算用」の大事さを教えとしているが、まさしく三つの教えを体得していた。その上に、企業家であり起業家でもあった。

晩年は津城址の堀に住む白鳥やアヒルに餌やりを欠かさず、福祉関係の表彰を受けるなど社会へのやさしさも持ち合わせていた。とてもさみしく帰郷した。葬儀を済ませ、大阪に戻り、挨拶回り、引継ぎなどを行って1973年の正月を迎える事となった。

新年1月3日、川戸氏とともにアメリカに出発した。大まかに3人のトレーニングの担当分野をいうと、井村氏が経営全般、川戸氏が生産技術関連、そして私がレストラン・オペレーションであったが、全てが初体験のことである。3人そろって同じカリキュラムを履修しながら、専門性を徐々に身に付けていった。

サンフランシスコに到着し、先発していた井村氏と研修店舗のサクラメント店のマネジャーであるボブ・ネトコ氏が迎えに来てくれていた。そこから最終の4月初旬まで3カ月強のトレーニングが始まる。

到着してすぐ、近くのスタンドバーで温かいアイリッシュコーヒーを御馳走になった。何だかアメリカを感じた瞬間だった。そして研修地のサクラメントに向かった。

祖母（右端）と母（後列）と孫・親戚の子どもたち

サクラメントでの研修

宿舎となるアパートについた。ベッドルームが3部屋あり、キッチンと居間が別に付いている。日本では家族用アパートの広さ。そこにアメリカンスタイルのレストラン「アンナミラーズ」のマイク君、そして川戸氏と一緒の生活が始まる。アンナミラーズから女性スタッフがユニホーム姿で引っ越しの応援に来た。

まず何を教えてくれたか？　ベッドメーキングの仕方である。そして、キッチンには食器洗浄機があり、食品の残りを砕いて流すディスポーザーまで付いていた。一階には共同のコインランドリーも。今から44年も前のことだが、そこはごく普通のアパートである。

サクラメントはカリフォルニア州の州都であるが、アパートの周囲は静かな住宅地であった。日米の生活水準の差に驚くことからスタートした。

翌日から早速、アンナミラーズの店舗での研修が始まる。1カ月前に研修をスタートした井村氏が通訳となった。「初心忘るべからず!」との教えの意味は「最初の頃の真剣な取り組みを忘れずに精進しろ」との教えとともに、「初めの頃にかいた恥を忘れずにいなさい」との意味でもあると聞いているが、知らないことばかりである。

その上に言葉が分からない。恥の連続だった。が、研修を受け入れてくれたメンバーは全員が優しかった。皆、ニックネームあるいは名前で呼び合っている。この習慣は現在でも踏襲している。

私の名前は「たけお」であるが発音しにくいらしい。そこでつけられたのが「Ｔａｃｋ（タック）」である。アンナミラーズの経営者であるスタンレー・ミラー氏やスタッフで私を知る人からは、今でも「Ｔａｃｋ」と親しく呼んでもらえる。名前を呼び合う！　目を見て話す！　挨拶をする！　当たり前のことだが改めてコミュニケーションには必須のことだと知った。

スタンレー氏からは「髪の毛を伸ばせ」と言われた。なぜか？　今までの仕事とレストランビジネスは全く環境が異なる。長髪にすることが自己の意識改革の第一歩だと言われた。清潔性を問うと、清潔に保持することは長髪でも出来る。先ずは意識を変えることだと。

従って日本でアンナミラーズ1号店スタートの時も長髪だった。長髪の私⁉　信じる、信じないは皆さんの自由です。

スタンレー氏の自宅にて　井村二郎氏（右）と私（左）

アンナミラーズ1号店オープンへ

研修期間を日記に書いていた。２冊あり、その内の１冊のタイトルは「アンナミラーズ修業日記」となっている。もう１冊はパイなどのメニューレシピや生産ノウハウが記されている。経営に関する教えも書かれている。その後転勤することも多かったが、この２冊は常に持っており、今も机の中にある。

それは当時抱いていた覚悟の証であり、新しい仕事に取り組む意欲の表われでもある。これまでセールスしかしてこなかった私が厨房に入って調理をし、英語もままならないのにレジを打ち、接客をするのだ。どのような場面に立っても「やればできる」との気持ちを持ち続けるためにノートを残してきた。本当に多くの教えを得た3カ月強であった。

最後まで残って後始末をし、ハワイの店舗がオープンに向けて工事中であったので立ち寄り帰国した。そのハワイ店は、現在も営業している。地元の皆さんに愛される超繁盛店である。オープンは青山に出した1号店と同年である。

さて、日本でのアンナミラーズ1号店のオープンは迫っていた。早速合流して、開店準備に入った。青山通り沿いの南青山の好立地に建設された青山ポーラビルの地下1階であった。全てが初めてである。

しかし、プロとしての自覚はあった。井村屋は歴史のある企業だがレストラン経験者は皆無だし、アンナミラーズという業態も日本初である。私たちが全てを考えて、実行しなければならない。

レストランは総合接客業である。多くのプロの助力を得なければまとまらない。その一つが、店舗デザインと設計・造作である。1級建築士でグラフィックデザイナー、アメリカ生活の経験者である今竹翠《いまたけみどり》先生との出会いがあって初めて具現化した。

メニューデザインから販売促進ツール、パッケージ、何よりも一世を風靡《ふうび》し、今も変わらぬ人気のウエートレス・ユニホームのデザインも今竹先生にお願いし、アメリカの雰囲気を残しつつ日本人の体型にアレンジしてもらった。アンナミラーズは今竹先生の作品でもある。

アンナミラーズ青山店にて。今竹翠先生（左端）、井村正勝氏（右端）、私（中央）

Anna Millers pie 修業日記

MEMBER
PLACE

1/5（金）

※ 羽田発 PANNAM 846便
P.M. 3:35 発のところ エンジントラブルにより 約30分遅れて出発
フライトは快調
8時間余りで SAN. FRANCISCO 空港に着
通関もスムースに通過
出口に 井村さんと BOB が迎えに来ている。

研修期間に書いた日記「修業日記」

アンナミラーズで学んだこと

アンナミラーズの15店舗目の出店までを担当した。そこから多くの思い出とともに、ビジネスパーソンとして生きていく上での多くの教訓を得た。

外食産業は井村二郎氏が大阪万博後の発展を見越し、新しい事業挑戦の目標の一つにしていた。そして、アンナミラーズの経営者であるスタンレー・ミラー氏と、コンサルタントを介してアメリカで出会ったことが縁の始まりとなった。

井村氏から聞いた、提携にあたってのインスピレーションのポイントは次の四つだ。

①お菓子のパイが特長のレストランであるが、パイの生産に関しては井村屋にもノウハウがある。つまり既知のノウハウと未知のノウハウが合体でき、リスクが軽減できる。

②デザートパイを「売り物」とするレストランスタイルは、当時、最も洗練された東京においても一店舗もなかった。「特色経営」は自分が最も大事にする哲学である。

③アメリカのアンナミラーズはまだ小さい企業であり、井村屋の企業力の方が大きく、今後の交渉を有利に進めることが可能である。そして何よりトップ同士が直接交渉できることも、提携における強固な関係をつくる上でとても大事である。

④スタンレー氏は当時36歳、自分は58歳であった。親子ほどの差があるが、彼の笑顔に大きな人間的な魅力を感じて誠実な人柄と判断した。この人間的なファーストインスピレーションはとても重要である。

以上のことを機会あるごとに話されていた。

一方、スタンレー氏にも後日聞いたところ、井村氏は英語は得意ではないのに、素晴らしい笑顔の中に何でも見透かされているような圧倒する力を感じた、と言う。そして、信頼できる方だとの印象を強く持ったと話していた。期せずして2人は同じことを感じていたのだ。

井村氏の大きな目と人を包み込む笑顔。スタンレー氏の恥じらいがちな明るい笑顔とスマートな話し方。これらが年齢と国を超えて合体した。

井村氏に続き、私はスタンレー氏を大事なメンター（師匠）としているが、2人に共通する人間力には圧倒される。

サンフランシスコの街でスタンレー氏の愛車の
前で、スタンレー・ミラー氏（左）と私（中）

アンナミラーズの経営

素晴らしい経験と学びの機会を得たアンナミラーズ勤務であった。多くのエピソードがあって紹介しきれない。レストランビジネスを日本語で何と表現するのが正しいのか、悩んだこともあった。外食産業なのか？　飲食業なのか？　食堂なのか？

私たちが取り組んだ仕事は井村屋の中には手本がない。全てを自らが学び、体験しつつ成果を積み上げていく必要があった。仕事に関連する書籍や雑誌などをむさぼるように読み、コンサルタントの講演を聞き、業界の先達に話を聞きながら学ぶ毎日であった。

ある時「ホスピタリティ・インダストリー」という言葉を知った。「おもてなし産業」。その時、悩みは消えた。そうだ！　美味しい食事やデザート、飲み物の提供を通じて、楽しい時間を、うれしい空間を、そして、代えがたい喜びを届ける人間性あふれる仕事なんだと気が付いた。

仕事に貴賤《きせん》はないが、素晴らしい機会を得たと感じた。多くの仲間と一緒に生涯努力すると自分に誓った。

「ホスピタリティ・インダストリーとアンナミラーズ」という小論文を書いて全員に配布して教育の一環とした。全てのマニュアルもレシピも手作りで始めた。アルバイト用の教育フィルムも手作りであった。特色のあるアメリカンスタイルのレストランとして傑出した、存在を目指していた。

日本1号店、青山店のオープンは1973年6月13日であった。シャッターが上がった時は、今までの努力が実った感激とこれからの苦労を思い感無量であった。売り上げは6万7千円で、1日のアルバイト全員の給料より少なかったことを覚えている。

商品の技術、接客のグレード、マネジメントの力量を向上させるための戦いの毎日であったが、経営は思うように向上しない。売り上げは『アンアン』、『ノンノ』などの女性誌で新タイプのトレンディーなレストランとして紹介されて以後、大きく伸長し始めた。しかし、利益は付いてこない。

その時に井村二郎氏が上京し、収益性の悪いことを言い訳した私に「お前はこの経営を止めたいのか？」と聞かれたのだ。無論、止めたくありませんと答えたが、その時に言われたことは衝撃的であり、決して忘れない。

青山のアンナミラーズ１号店

利益体質に転換

井村氏は次のように言葉を続けた。

「経費がかかって経営がうまくいかないのなら、明日から1円も経費が不要な方法がある。分かるか？」

「分かりません」と答えると、「それは商売を畳むことだ。止めたくなければもっと頭を使うことだな！」であった。

甘えている自分たちを発見した。すぐに改革に取り掛かり、徐々に業績は向上していった。

「カミサリー」という言葉も業界で最初に使用した気がする。セントラルキッチンではなく物流を主体にした供給基地の意味で、もともとは軍隊用語である。

店舗を拡大するにあたりスタンレー氏に集中生産基地の必要を説明していく過

程でカミサリーの概念を教えてもらった。なるほど、同質の商品が複数店舗に届くために何が必要かを主体的に考える仕組みづくりは理にかなっている。

それとともに、あるコンサルタントからチェーンレストランを構築するには「浅田さんが何人も必要だということです。つまり、教育体制の整備が基本です」と教えられた。接客サービスの体系的な教育を指導機関に依頼し、コンサルタントの松村慶伊子氏の熱心な指導で改めて店長以下全員に教育を行った。

企業の成長を一緒になって考えてもらえる先達が存在することは大きな強みであった。店舗開発も、調理技術も、サービスも、経営管理も、総合的なレストラン経営を全員で考えつつ、手作りを主体にして経験を重ね、徐々に成長を重ねていった。

「10店舗・10億の売り上げ・10%の利益」と言いつつ頑張ってきた。利益は目標通りに行かなかったが、10年間で、10店舗、10億の売り上げは達成し、利益経営になった。この間、現金収入のレストラン売り上げは全て週間単位で本社に送金しており、支払いは逆に月間、あるいはもう少し長い期間である。金利の高いその頃では店舗を拡大するたびに、少なからず全体への貢献もできる体制となってきた。

レストラン業界での友人も知己も増加し、外食産業新聞社の坂本憲司氏を事務局にして、昭和17年午年生まれのビジネス仲間で「一七樹《いななき》会」を結成した。「居酒屋つぼ八」の創業者、石井誠二氏も初代メンバーであり、今も交流が続いている。業界での位置づけも少しずつアメリカンスタイルのユニークなコーヒーショップとして格付けられていった。

しかし、辞令は突然やってくる。

「一七樹会」のメンバー（左から２人目）

物流と商流の分離

1987年4月、流通戦争の真っただ中にある東京支店（現関東支店）の支店長に任命された。44歳の時である。本社で受けた指示は「東京支店の変革実行」である。

流通業界は大きな変革の時期を迎えており、特に東京は大型流通業の本部機能が集中している。全国の商談責務を負っているはずだが、実態は大阪支店や名古屋支店に販売実績でも後れを取り、着任時は若い人材も多いのに雰囲気は暗く、負け犬のごとく意気が上がらない支店であった。

まずはこの状況を変革する必要性を感じ、構想もないのに「この支店の場所を1年以内に出る。東京支店は日本の中心である中央、千代田、港区にあり、その活動成果も井村屋一番であるべきだ」と話した。

当時は1階が倉庫、2階が事務所であった。本社から早朝に届く荷物をセールスが荷受し、その後、営業活動に出るのでは効率も悪く士気も落ちる。刻一刻と流通の変化は迫っており、物流と商流の切り離しが必須の懸案であった。運は想いの強さで変わる。その時期に各食品メーカーも同様の問題を抱えており、共同配送の機運が高まっていた。早速、その動きに乗って行こうと考え、88年8月8日の8並びの日に商流起点となる支店も千代田区外神田《そとかんだ》に移転することにした。

半年ほどオーバーしたが約束を実現できた。物流を切り離し、商流との連結性を維持するためにはコンピュータを駆使するシステムが必要となる。全社に先駆けてこの点でも大きな変革を行った。

また、以前の支店は近くに若い社員が住む寮が点在していたが、より良い環境を求めて大型寮を新たに契約して住環境も整えた。若い社員の結婚に備え、社宅として新しいアパートも契約した。組織も改革し、問屋機能に委嘱する営業体制から大きく伸長する小売り機能に、直接コンタクトできる体制に変えつつあった。

これらには経費も発生したが、本社に対しては「私の使命は東京支店の変革実行なのでしょう！」と半ば脅迫。その姿勢を全員が身に感じてくれた。

社員に自主的な変化が見えてきた。行動に自信が付いてきた。後の社長で当時、営業本部長だった山川氏には「浅田君で東京が変革しなかったら支店を閉める」とまで言ってもらえた。

全員の心に火が付いた。大きく変わり始めた。

東京支店の慰安旅行にて（中央）

流通変革への対応

千代田区に本拠を変更したのに続いて、その方向性を変革していった。商流と物流を切り離したことにより営業の活動範囲が拡大し、営業担当者の商談もより末端に向かって動きを強化していった。コンビニエンスストアが店舗拡大を進め、激しい競争の火ぶたを切り始めたころである。

ただ、井村屋には進化する流通の変化に俊敏な対応ができる特別な組織がなく、素早く動ける体制の構築が必須の課題であった。東京支店がその任を負うため、支店内に組織小売業の対応部門を誕生させた。「チェーンストア課」と称し、専門部隊として動き始めた。

そのリーダーを落合英美課長に託した。大阪支店時代からの仲間であり、「あすなろ会」メンバーの一人であった。気心が知れており、アグレッシブに市場を攻めるチームの営業にはスポーツマンである落合課長が適任と思われた。現在のマーケティング本部内で大きな市場対応責務を負う「量販営業部」の前身である。

大手食品メーカー各社の動きと比較したら遅きに失した感があり、小規模ではあったが思い切った組織改革を行った。良かったと思う。まさしく「足踏みしてても靴は減る！」である。何事もチャンスを逃がさず、「まず動く！」重要性を学んだ。それらの動きに連動して支店業績も向上をしつつあった。

井村屋は月次決算を行っており、所属長会議と称する全国の部門責任者が集合して行う重要な会議があった。トップ出席のもとに厳しい雰囲気での会議であるが、その会議に出席できるポジションに就くのは、責任を自覚し、ビジネスマンとしてのやりがいを意識する場でもあった。私も東京支店長として臨んだ。成果の出た月は誇りを持って、問題を抱えた月はいささか憂鬱《ゆううつ》な気分で出席していた。

現在は「全体会議」と名称が変わっているが、機能は継続されている。企業が事業単位、部門単位で月次決算をまとめ、社内マル秘であるが全ての成果を公開することは、優れた仕組みである。会社設立70周年を迎えるが、途絶えたことのない歴史である。透明性の維持、課題発見、共有化など将来に継承すべき財産である。

時はバブル時代！　また新たな転機がやってきた。

スタート時の「量販営業部」

バブル経済の影響

バブル経済といわれる景気は多くの好影響を与えていたが必ずしもプラス効果ばかりでなく、やがて消える泡のようにはかない狂想曲の時代でもあった。

東京支店にもその変化は押し寄せてきた。10年間貸与の契約であったが、外神田地域にも〝地上げ〟と称する土地売買の激しい波動が押し寄せてきた。土地オーナーは周辺のビルオーナーと共同ビルを建築する計画に賛同し、退去を迫られた。

契約解消の交渉とともに、慌ただしく次の立地の確保に追われる日々がやってきた。当時、別の任務で東京に駐在されていた森嶋章専務に大きな助力をいただいた。

「退去の交渉は私が行う。新しい支店の移転に関しては浅田君が知識も多いので専従してほしい」

退去に関して金銭交渉を含む面倒な問題を抱えていた。私が決めた立地でもあるので心が痛んだが両方の交渉を同時に行うことは難しく、次の立地の交渉とスムーズな支店移転に向けて活動を始めた。森嶋専務には大事な時にまた大きな助言をいただいた。困難な仕事を自ら引き受ける勇気が経営には必要なことを教えてもらった。

そして、1989年1月7日に昭和天皇が崩御され、年号は平成に改まった。その年の6月には〝昭和の歌姫〟と称された美空ひばりが52歳の若さで多くの人に惜しまれつつ亡くなられた。

さらに、忘れることが出来ない1990年がやってくる。母の訃報を受け取った。夏の暑い盛りの8月1日であった。大好きだった母との別れが現実になり、号泣した。

4年ほど前に上皮がんを手術して顎の半分を除去していたが、気丈な母は最期まで明るく、得意の料理も私が出張で帰ると振る舞ってくれた。がんは肺に転移し、小さな体はあっけなく旅立っていった。

世に〝松葉のような夫婦〟との言葉があるが、同年の12月6日に剛毅な父は、1人で母の後を追うように亡くなった。母の死の後は近くに住まう姉が毎日通って世話をしてくれていたが、朝、訪問をしたときには静かに息を引き取っていた。美空ひばりが大好きだった母は父のそばで『越後獅子の唄』を歌っている気がする。

松葉のような夫婦だった父と母

豊橋に赴任

〝家移りの浅田〟を自称しており、生を受けてから住居を引っ越しをすることが本当に多かった。東京支店も外神田に落ち着いたと思ったら、２年半で千代田区岩本町に移ることとなった。

全ての交渉を終えて、１９９１年４月29日に移転を決定。しかし、私は支店長ではなかった。移転を前にした３月に異動が発令された。支店には支店長席が当然用意されているが一度も座ることなく、豊橋市にある調味料事業部へと転出した。

そこには東京支店長の大先輩であり、アンナミラーズ事業部初代事業部長でもあった青山与一氏が第一線は退かれていたが相談役として勤務されていた。

青山氏は豊橋市の出身であり、78年の事業部創設時には故郷に帰った感があるが、その地縁は全てに大きく影響し絶大な力となっていた。その青山氏が私の異動に関しては強く関わっている。

調味料事業を軌道には乗せたが、発展させるには大きなてこ入れがいる。「浅田は多くの経験をしており、彼の飛躍のためにも良い経験になる」として推薦されたと後に知ることとなった。この事業経験はまさしく私のビジネスマン人生に大きな衝撃となり、成長への踏み出しとなっていく。

妻とともに豊橋に赴任した。青山氏、そして奥様に新生活の調度品調達からお世話になりスタートした豊橋生活は新しい出会いに満ち、ビジネスも、事業仲間も、友人も愉快で刺激的で、東京生活とは異なる環境を知る機会となった。両親を亡くした直後だったので、新しい生活空間である豊橋市への引っ越しは気分転換とともに新しいビジネスへのギアの切り替えになった。49歳の春である。

妻が一緒についてきてくれたことが何より助かった。新生活での充実を考えて2人でアスレチッククラブに入り、ゴルフ教室にも加入した。そして、調味料事業部部長代理としてのスタートが始まる。

赴任当時の調味料事業部社屋

第三のメンター青山氏

ビジネスマン人生で初の車通勤が始まった。片道20キロメートルほどであるが、市内のマンションから田園地域を越えて、小高い所にある調味料事業部（のちの井村屋シーズニング）に到着する。全てが今までの経験とは異なる生活と事業環境である。

「スプレードライヤー」と称する大型の粉末製品を生産する設備が主役であり、その周辺には粉末製品化の前工程、さらには包装機能設備、そして倉庫、配送へと続く一連の生産機能を有していた。

当然、商品開発、品質管理、事務管理、営業などの機能を総合的に保持し、すでに一つの企業体であった。事業目的は食品企業への原料素材の提供であり、自社製品の販売とともに自社の設備を活用して生産委託を受けるＯＥＭ事業が主体となっていた。

一度倒産した調味料製造会社を買収し、ゼロからの出発。井村屋の持つ伝統的な菓子・食品事業とは全く異なる事業体であり、リスクも大きかったと思う。しかし、ここにも井村屋の持つ挑戦意欲が働き、数々の苦労はあったが現在はＢｔｏＢ事業（企業間取引）の中核をなす事業体へと成長した。

初代事業部長を務めた青山氏は日本フードの出身だ。この日本フードも同じ豊橋にあり、井村屋が買収して事業変革を行い、商品は異なるが同じくＢｔｏＢ事業を経営している。

その両社は２０１７年４月に合併し、新生「井村屋フーズ」としてスタートした。既に80億規模の売り上げを有し、井村屋グループ内で特色を発揮している。両社とも青山氏がスタートに大きく関わっている。

この青山氏は私の３人目のメンター（師匠）である。多くのことを教わったが、調味料事業部時代も「経営が上手くいかないのは部下のせいでなく、経営者の太鼓のたたき方がまずいからだ！　太鼓がまずければ良い踊りが出来ないだろう！」と言われた。そのほか「山より大きい猪に出会ったことはない。勇気を持っていって来い」とクレーム処理に送り出されたこともあった。

経営の名人は押しなべて言葉の達人でもある。買収に関しては「落下傘で降りていくのは1人、もしくは2人だ」と自分の教訓を交えて話されていた。「無用な警戒心を持たれないために丸腰で行け！」が信条であった。その後の大きな教訓としている。

メンター（師匠）である青山与一氏
（右）と

言葉は力

私には3人の大事なメンターが存在すると書いてきたが、多くの言葉で啓蒙を受けた。特に「なるほど！」と心を動かされ忘れられない言葉を紹介したい。

井村二郎氏と出会って間もない頃だが、私は大阪で井村氏の乗る営業車を運転し、得意先を訪問していた。その時、車中で突然話しかけられた。

「浅田君、今回井村屋に入社してもらったが、まだ井村屋について分からないことも多いだろう。一つ言っておきたいことがある。井村屋は小さい企業だが日本一の商品が3つある。『ゆであずき』『水ようかん』『肉まん・あんまん』だ。3つ束ねると結構良い体格になる。いずれの商品も特色技術がある。大事なことだ。忘れないで欲しい」

この言葉は、そのシーンと共に胸に刻まれている。そして、商品開発において特色技術が存在するかを自らに問い、束ねると折れない〝強い3本の矢〟の教えを常に教訓としている。

スタンレー氏からも多くを学んだが、マニュアルについて素晴らしい教訓を得た。

アンナミラーズのある店舗を訪問した時、店舗前のテントが汚れていた。店長に指摘すると「明日がマニュアルで決められた清掃日です」と答えた。するとスタンレー氏は「昨日、雨が降った。今日のお客様は汚れたテントを見て不快に感じる。マニュアルを超えて対応する臨機応変さがなければマニュアルは不要だ！」と言い、早速の清掃を指示した。

マニュアルやルールはお客様満足のためにある。いつしか自分たちがマニュアルに縛られている現実を痛感した。その後の教育ではマニュアルの遵守とともに、いかにしてそれを超えるかを考える必要性を導入した。マニュアル文化のアメリカの経営者から真のマニュアル活用法を学んだ。

青山与一氏は人情の人である。東京出張中に、銀座で友人の企業トップと会食をされていた青山氏から「紹介するから」と呼び出しがあった。2人の会話をお伺いして多くのことに触発された。お酒も頂戴した。

さて、お客様をお送りして帰る時に青山氏から「タクシーで帰りなさい」と言われた。地下鉄でと固辞したが、「酒も入っている。お前に何かあるとアンナミラーズが困る。タクシーで帰りなさい」との強い口調であった。いささかオーバーであるが、温かい気づかいに涙が出た。この人のために頑張ろうと心底思った。憎い演出であるが、忘れられない言葉となった。人は言葉で感動し、心を動かされる。少しでも見習いたいと思っている。

在りし日の井村二郎氏

大きな設備投資

調味料事業部には通算8年間在籍した。異動から2年が経過した1993年に取締役に就任し、調味料事業部長となった。51歳の時だ。調味料事業を発展させることに全力を傾注し、企業貢献することが大きな目標となっていった。

事業を習熟する中で、調味料事業の可能性をより大きく感じていた。その際にレストランビジネスの経験が食品開発に、マーケティングの経験が販路の拡大に役立った。

多くの人脈は経営者としての成長に大きな助力となっていた。一方で、事業成長には多くの課題を抱えていた。まずは、人財の不足。次いでは設備の老朽化で、新しい機能の不足は競争力に陰りを残していた。事業の潜在力に対して大きく不足していた。

最初に取り組んだのは人財教育だが、その前に全ての社員を当時の井村屋製菓社員に資格を全て統一した。これで事業部全体のモチベーションは大きく改善された。

組織改正とともに職階別教育を行った。営業部門、開発部門には初期のマーケティング教育を導入した。当時最年少の管理職だったのが、現在の井村屋フーズでＢｔｏＢ事業全体の指揮を執る菅沼重元社長である。それぞれの部門で幹部候補生が育っていった。

そして、新設備の投資には大きく力を割いた。装置産業である調味料事業は、一歩先を行く装置の充実が取引先の信頼を得る。提案開発力は競争の原点であり、開発スピードを上げるための試験機の導入とともに力点を置く最大のポイントとした。

営業部門と開発部門を合体して技術と提案の同時進行を志向し、在籍期間中に約20億円規模の設備投資を行った。その中には倉庫、開発、品質の機能充実、更衣室、トイレ、食堂などの福利厚生施設も含まれる。井村屋本体がよく認めてくれたと感謝している。

青山氏が「今後を託す」と言われた意味を理解するとともに、背負いきれないほどの大きな責任があることを知り、覚悟を新たにする毎日であった。

特にこの間、教育でお世話になったのは中部産業連盟のコンサルタントである二宮啓《さとる》氏である。全ての社員教育でお世話になった。厳しく、温かい指導は今も心に残っている。感謝の念で一杯である。

教育は成長の礎となった。そして集大成としてのＩＳＯ挑戦が目の前に迫っていた。

二宮啓氏（前列中央）と管理職研修受講生（前列右から２人目が私）

「ひとつになれた！」瞬間

井村屋には「商品こそわが生命《いのち》、人こそわが宝」という企業設立時からの社是がある。会社は時代の流れとともに変化しているが、社是の神髄は常に存在しており、この考え方を根本としている。

調味料事業部の経営においても同様である。まずは人の育成に力点を置き、それぞれが成長してきた。しかし、全体としての一体感やつながりに一抹の不足を感じていた。「改善活動」にも着手し効果を生みつつあったが、その先にさらに全体が目標として取り組む「何か」と、各部署の「つながり」を醸成する必要を感じていた。

中産連の二宮先生に相談したところ、それにはＩＳＯへの挑戦が最もふさわしいと教えられた。しかも、品質より環境が先だとの示唆。なるほど、世の中は環境問題へと関心を寄せつつあるが、まだまだ未熟な段階。その時期に環境マネジメントシステムの認証取得は業界での先駆者となり注目度も高くなる。ＢｔｏＢ事業の企業認知には格好の広報となる。加えて全体目標となる。事業部の成長への願ってもない機会と考えて、挑戦を決定した。振り返ってみるとかなり無謀な挑戦でもあったが、それこそ体質一変する試みに全員が取り組んでくれた。

最終審査を終えて皆が一室に集まり、固唾《かたず》を飲んで待っていた。審査員の方はその雰囲気を見て、話し始めた。

「皆さんの努力を多とします。評価を述べてから結論を話すのが普通ですが、先に結論を申します。申請をいたします」

「申請する」は特別なことがない限り認証を得られるということであり、「おめでとうございます。よく頑張られました」の言葉に拍手が自然に起こった。

涙ぐむ現場管理者もいて、苦労が報いられたうれしさとともに、「ひとつになれた！」ことを実感した瞬間だった。1998年のことである。

この後、品質マネジメントシステムの取得も行い、その動きは全グループに波及している。現在ではより上位な認証であるＦＳＳＣ「食品安全システム認証」も先駆けて取得し、この動きはＢｔｏＣ事業の中核である井村屋にも連動。全グループがシステム経営の重要性を理解するとともに、品質、環境への取り組みが社会的意義を持つことへの認識につながっている。

そして、異動の命令は常に突然にやってくる。さてと！

調味料事業部創設20周年・ISO14001認証取得記念式典（前列中央）

革新を断行

1999年4月、営業本部長として転勤命令が下った。8年間の調味料事業部勤務を終え、再び東京勤務となり井村屋製菓の営業第一線を引率する立場となった。その年には常務取締役として責任もより重くなっていた。調味料事業部時代にすでに営業を統括する本部は東京に移転しており、初代の本部長は山川皓《あきら》社長であった。

流通の大きな変化を瞬時にとらえ活動につなげるには、情報発信の起点である東京に活動の基地を置くべきとその重要性を唱えられており、その実行に自ら責務を担われていた。

まずは菓子事業の大きな課題であった総代理店制度の推進であった。三菱商事との契約を全国に拡大し、菓子事業の脆弱《ぜいじゃく》であった取引与信体制に信頼度が増した。情報獲得に一段と力を入れ、停滞気味であった菓子事業の活性化を図る試みであったが、進捗は頓挫《とんざ》していた。

山川社長の悲願でもあり、私も変革への取り組みにはドラスティックな変化が必要だと感じており推進に向けて動いた。三菱商事との交渉でお世話になった木島綱雄氏との出会いはこの時から始まるが、人材力と世界的な情報網の豊富さはメーカーとは異なる広がりを学ぶ機会となった。その後、さまざまな仕事のご縁をいただくこととなっていく。

この総代理店構想は成約を得て今に及んでおり、流通変革対応の一歩となった。激しい交渉過程やそれまでの菓子販売特約店の理解を得るための商談は全国で行われ、率先して重要商談を行ったが、多くの仲間の協力があってなし得た大きな挑戦であった。営業本部長として着任して以来、何が出来るのかと見ていた営業本部の雰囲気は一変した。

全国を歩き、全商品・カテゴリーについて知識を得て、変革に何が必要かを構想していった。組織も改革した。旧態依然として変化のない営業部門にはメスを入れて新しい感覚を取り入れていくべきと考えた。

２００２年に中島伸子さんを関東副支店長として抜擢したのも多くの考え方はあるが、今必要なのはイノベーションであるとの強い信念があったことによる。その時に大きな味方となったのは8年前の東京支店当時の部下たちであった。

神田明神へ年賀参拝（後ろから２列目左端でマフラーを巻いている）

マーケティング本部の改革

なすべきことは山積しているが協力者なしには独り相撲であり、実行できない。それまでにつながりを持った仲間は大きな力となった。東京支店長当時のメンバーはそれぞれが成長し、各部署の責任者や支店長になっていた。そして、変革に向かう協働者として先達《せんだつ》の役割を担ってくれた。

営業本部の名称をマーケティング本部と改称したのは、2001年である。まずはマーケティングの概念を学びつつ、変化していこうと考えた。そして、女性副支店長の誕生は、男性社会の営業部隊に少なからず衝撃を与えたと思う。

中島さん当人の努力と実績によるが、多くの難題を乗り越えて、その後、関東支店長やマーケティング本部長を歴任し、本社の管理部門担当を経て現在は代表取締役副社長としてグループ全体のマネジメント部門を総括している。

今では変革を実行するために必要なロールモデルとなり、また、女性活躍推進でも模範的なお手本となっている。

そのほかに、行ったのは売上実績計上の手法改革であった。取引先への出荷時点計上を着荷時点計上に改め、月次決算を明確化して透明性を高めることとした。同時に商品を生産しそこで利益計上をする手法から、取引先に販売して実質的な売り上げが計上される手法へと変革した。生産依存経営から、マーケットにおける信頼が経営の基本と考える管理手法である。

この手法では、販売の責任部隊が事業経営の収益に対して大きな責務を負う。市場分析から開発、生産依頼、販売、物流などに積極的に関与して製造部門との協働を図り、全体最適活動へと導く。現在のＳＣＭ（サプライチェーンマネジメント）活動の出発点といえよう。

関連してリベート改革、価格体系の見直しも行った。それらはその後の社長就任以降も続くイノベーションとなっていく。旧来の甘えを脱却し、作れば売れる時代から市場対応主義に舵を取り、真の顧客満足に向かう必要性をまず第一線でお客さまに向き合う営業部隊が実践していった。数々の困難に果敢に挑戦してくれた当時の仲間を誇りに思い、感謝している。

そして、さらに大きな責務が待ち受ける。

本部長をつとめた当時のマーケティング本部メンバーと（前列左から３人目）

社長に就任

専務時代の２年間、多くの同僚に支えられてマーケティング改革を実行してきた。大きな流通のうねりに対応するにはまだまだ会社全体としてなさねばならないことが目の前に数多くあり、圧迫されるような責務を感じていた。

２００３年の１月、恒例となっていた大得意先の伊勢神宮参拝の際、料亭の縁側で山川社長と一緒にお客さまの到着を待っていた。

冬だがぽかぽかとした日差しが差し込む暖かい日であった。その時、唐突に山川社長からこう告げられた。

「次の社長は浅田君にやってもらいたい。引き受けてほしい」

営業部門の大先輩であり、多くの改革の後押しをしてもらった。経営課題山積の中で奮闘されている山川社長からの依頼である。浅学《せんがく》菲才《ひさい》を顧みず、さらに大きな改革への挑戦を引き受ける覚悟で「よろしくお願いいたします」と、その場で受けさせていただいた。

山川氏は5歳上の兄貴のような存在であり、営業一筋の方であった。明るく責任感が強かったが、心臓に疾患を抱えておられた。私も既に還暦がそこまで来ている。試練が待ち受けているのは明々白々《めいめいはくはく》であるが、成人式の時の母の電報にあった「人のお役にたてる人になりなさい」という時が今来た、との思いであった。

その料亭での宴席で、菱食（現三菱食品）の廣田正社長が話された。

「ヨットは向かい風でも沖に向かい、また帰港する。経営も帆の張り方で、難しい経営環境でも成長できると思います」

社長の委嘱を受けた直後であり、心に残る言葉となっている。廣田社長の言葉は挑戦へ大きな励ましとなった。

私が極めてラッキーだったのは、社長就任時に創業者の井村二郎氏がご健在であったことだ。当時88歳であり経営には全くタッチされていなかったが、時としてご挨拶に伺うと、庭に面した籐《とう》の椅子に2人で座り世間話をしつつ創業時の苦労話などを聞かせていただいた。その話が大きな経営の糧になったことは言うまでもない。

社長就任時

「変える」「挑む」の連続

社長に就任して最初の大仕事は、近鉄津駅前のビルに入居していた本社事務所を生産本部のある津市高茶屋に引っ越したことである。幸い旧本社事務所は残っており、手狭ではあるが使用できる状態であった。家賃の負担が大きかったこともあるが、生産基地と一体となって無駄を省き創業の地から出直す決意をすることで、会社内に緊張感をもたらしたかった。2004年のことである。

旧本社はかつての海軍工廠《こうしょう》を、改修を重ねて使用していたが、老朽化が激しく直近の耐震基準を満たすためにも新築の必要に迫られていた。使用していない倉庫を解体して新社屋を建築する決心をした。2007年から工事に入り、翌年に完成した。

津駅前の近代的なビルから旧本社に戻る時も、そして歴史的建築物の一つとされる海軍工廠の廃棄も大きな決断を要した。「変える」ときには常に意見が百出し、反対論も出る。その時には「着眼大局、着手小局」の考え方を大事にしたいと改めて考えた。古い思い出の詰まっている木造建築本社を解体するのは忍び難いとの意見もある。しかし、感傷に浸ってはいられない。

あるとき、井村二郎氏に本社新築の構想を話した。

「創業時の建物であるが、すでに改修して新しくペンキを塗っており、昔の面影はない。第一不便で危険だろう」

独り言のように、静かに言われた。郷愁を越えて進むべき道へ行くべき、との大きな後押しをいただいた気がした。

２００７年の会社設立60周年に『母と子の像』を建立した。その像には「愛といつくしみ」と書かれている。井村二郎氏の字である。母と子の深く何物にも代えがたい愛情を表し、その愛に応えられる商品づくりを行っていきたいとの意思を表現している。

書をお願いした時、「少し時間をほしい」と言われて連絡を待ってお邪魔した。何点も書かれた中から一つを選び、いただいてきた。慈悲にあふれ、優しく素晴らしい字である。今後も井村屋グループの象徴として『母と子の像』は存在していく。

井村屋グループの新社屋

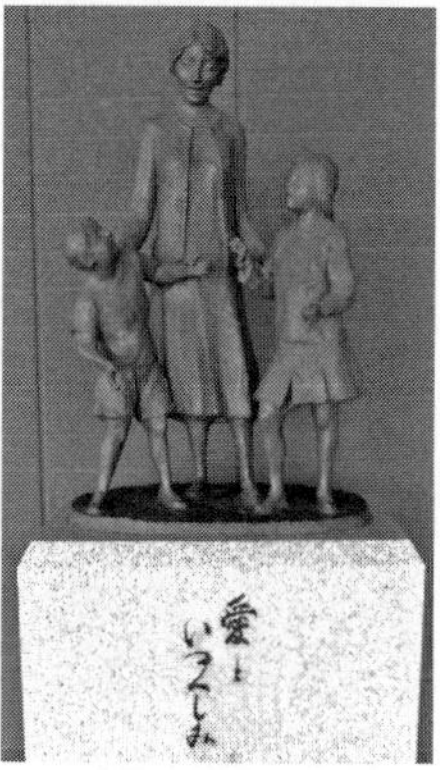

『母と子の像』

「悠々と急げ！」

社長就任から多くの改革を立て続けに行ってきた。長く井村屋製菓の関連会社として機能してきた井村屋乳業を、豆腐事業を残して閉鎖し井村屋製菓に吸収合併した。牛乳事業の採算が長きにわたって赤字であったことと品質維持に莫大な投資が必要であり、将来的な成長が見込まれないと判断したためだ。

さらに、約3万平方メートル以上の用地で営業していたゴルフ練習場も閉鎖した。近隣の皆さんには喜ばれていた施設であったが採算性が悪化しており、ゴルフボールが隣接する民家の屋根を直撃する事件も相次いでいた。その跡地に住宅賃貸事業である「ヴィルグランディール」を積水ハウスと共同で開発した。２００６年に行った新しい街づくりである。

現在はその中に井村屋グループの社内託児所も入っている。暮らしやすい住宅環境の提供は、地域貢献の一助ともなっている。もともと生産機能増強に備えて創業時に確保していた土地であるが、まずは新たな資産活用として再出発した。

新本社建設では、環境に留意して屋上緑化や太陽光発電を取り入れた。若い社員の知恵を集めてプロジェクトを作り、開放的で機能的、そしてＩＴに対応した本社を目指した。決して大きくはないが知恵のある機能を有する本社となった。

そして、２００５年には開発試作と品質検査室機能を強化した。食品菓子業界には流通変化とともに起こった激しい開発競争があり、その一方で「品質」が大きな社会問題となっていたからだ。新しい魅力を創造し、需要に応えられる技術力が競争激化の中で生き残る術である。商品開発には多大な時間と高い能力が求められるが、生産に結びつけるまでの前段階として機械設備を含む開発室の強化は重要な課題だった。

また、品質問題は全社的な取り組みが必要だが、その中でも高い検査機能を持つことは水際での問題発見につながる。今後とも重要な機能である。「悠々と急げ！」を頭において、イノベーションに踏み出した。

本社屋上の緑化

積水ハウスと共同で開発した「ヴィルグランディール」

『あずきバー』の挑戦

先を見つめて長期的な成長を図ることは大切だが、課題は足元の経営成績の回復であった。開発メンバーは当時15人に減少しており、次の宝を創造するには力不足が歴然としていた。現在は70人を超える所帯となっているが、常に力量の向上が必要とされる。そんな中で急速に収益改善に結びつくのは現在保有する持ち味を強化していくことだ。〝選択と集中〟である。

ＰＤＣＡの経営サイクルはとても重要な考え方だが、そのポイントは「ＣとＡ」にある。現在の力量をチェックして見直し、対策を講じることだ。そこからで出てきた方向性は『あずきバー』の拡大と「肉まん・あんまん」強化であった。

その『あずきバー』は今年（２０１７年）で発売44年になるが、多くの需要を取り逃がしていた現実があった。毎年毎年、需要期が夏場に集中することで供給が追いつかず、市場に不満が出ていた。大きな工場増設はすぐには対応できない。既設機械の入れ替えで増産するためにはシーズンオフの半年が勝負である。アイスクリーム技術に最も経験が深い前山健《たけし》執行役員（現井村屋社長）をチーフにプロジェクトチームを作り、夏場のシーズン前に機械更新を行う「あずきバー革新計画」を実行することにした。

世界で最も単機能商品の生産に強いといわれる設備を導入することにしたが、その機械メーカーはアメリカにあり、『あずきバー』が生産できるかどうかは分からなかった。前山役員がアメリカに飛び、試作を繰り返した。そして「使用できそうだ」と報告があった。前山役員の長年の技術者としての経験と発想力に委ねて購買、導入を決定した。

その後、急ピッチで担当組織の変更や旧設備の撤去などを行い、導入に向けて動きだした。輸送手段は空輸。チームはアメリカに「バーサライン1号機」を迎えに行った。２００６年６月、まさに嫁入りである。夏季商戦ギリギリに到着し、備え付けが完了した。

その年はあいにくの冷夏となりアイスクリーム業界は苦戦したが、『あずきバー』は大きく飛躍した。それは欠品を起こさず供給できたことで、今までの需要の穴が埋められたことによる。堅実で寡黙な前山役員の「やりましょう！」の一言が、井村屋の「プロジェクトX」を実現した。

「バーサライン」で製造される『あずきバー』

第三者視点の重要性

社長になって社外監査役を増員し、女性の登用を行った。長く弁護士として活躍されていた安藤泰愛《ひろちか》氏には既にお願いしていたが、新しくお願いしたのは土川禮子《れいこ》氏である。長年三重県の教育界で活躍されて、地方行政においても通《つう》暁《ぎょう》されていた。

土川氏は企業活動にかかわった経験がないことを危惧されていたが、「監査役の最も重要な任務は社長である私を主として、経営陣が企業経営に対して誠実に任務を遂行し、経営結果を良好に導く活動を真摯に適切かつ十分に行っているかをチェックする機能を果たしていただくことです。したがって教育者の経験は必要な資質です」と口説いて引き受けていただいた。２００８年のことである。

さらに、2014年の株主総会で名倉眞知子氏と西岡慶子氏を社外取締役に選任した。多くの経験を積まれた識者の登用は社会の要望であり、井村屋グループにとっても有益な経営意思決定と考えたからだ。

名倉氏は長年の会計士経験を有し、外部から経営の在り方を判断される識見を充分もたれていた。西岡氏は津市に本社を置く工作機械メーカーを経営され、働き方改革を実行して社会が求める女性活躍推進を実践していた。

取締役会等では「スピークアウトする（率直な意見交換）会議」を目指し、今まで社内のみでは気付かなった視点で「意見」、または「異見」を述べられた。互いに状況が分かっているメンバーでは当たり前のことが抜けたりする。会議前の説明も書面で求められるが、それは必然であり、会議は緊張感を伴う意思決定機関として動き出した。

これは必ず経営効果に対して、より正確で慎重、質の高い討議を起こし、結果としてステークホルダーに良い結果を提供できる道となっていく。第三者視点を前にして謙虚に、しかし積極的に提案活動を行うボードメンバー（取締役会）の討議は必ず実を結ぶと確信している。

現在、社外監査役は社会保険労務士の若林正清氏と経営者の橋本陽子氏にお願いしている。第三者視点の経営への参画は、今後も大事にしていきたい井村屋グループの新しい不易（原理原則）である。

社外取締役の西岡慶子氏と名倉眞知子氏（右から）

社外監査役の若林正清氏と橋本陽子氏（右から）

パティスリー「ジュヴォー」

『あずきバー』は生産能力の増強により幅広い商品展開が可能となった。『ミルク金時バー』や『宇治金時バー』などをシリーズ化し、広く底上げを図ることができた。それは2011年の「バーサライン2号機」の導入につながっていく。

また「肉まん・あんまん」もコンビニにおけるスチーマー（蒸し器）販売とともに、スーパー市場で家庭用パック商品としての販売を強化したことで冷凍・チルド市場が拡大し、井村屋ブランドとして直接、家庭に入る大きな契機になった。そして2017年に新設する、より商品価値が高く総菜機能を持った「点心・デリ工場」へと変化していく。テーマは「世界の味を包む」である。

強みを活かして変化し、新しい付加価値を創造する企業は強い。まさに「既知のノウハウと未知のノウハウの融合」を行ってきたことが、苦境から脱する源泉となった。

さて、世界は大きく動き出している。日本市場の縮少に対応して海外での販売に乗り出すなど、グローバル化の方向性に目をつむるわけにはいかない経営環境となっている。これに先駆けて、２０００年には調味料事業部が北京に粉末調味料事業を立ち上げた。私が調味料時代に行ってきたエキス生産を一歩進めて現地での粉末化に踏み切ったものであり、大事な一歩となった。

多くの苦労があったが、現在は大連に工場を移設して北京とともに一体となって成長。味の多様化が進む中国では大いに期待される事業となっている。

03年にはフランス・プロヴァンスにある菓子店の経営者、フレデリック・ジュヴォー氏と洋菓子製造のノウハウ提供を軸に契約し、日本における「ＪＯＵＶＡＵＤ（ジュヴォー）」の店舗展開を始めた。アンナミラーズの時と同様に技術ノウハウの導入はもちろんだが、ジュヴォー一家との人間的な結びつきで、大切な教えを多面的に教授されている。

「和菓子の井村屋がなぜ洋菓子?」とよく聞かれるが、美味しさは国境を越えて拡大している。バター、チーズ、チョコレートなどは欧米の特意とする素材である。学びに壁はない。今後もグローバル化の動きには俊敏に対応していきたい。

「KITTE 名古屋」の店舗にてフレデリック・ジュヴォー夫妻と

外食産業の変化と現存の嵐

井村屋がフランス菓子店舗を経営する運びになったのは、いくつかの時代の変化と重なっている。外食産業をアンナミラーズで展開をしてきたが、残念ながら一時代を築いた当時の活気は無く、経営上の損失も膨らんでいた。事業継続の選択を迫られてきていた。

事業開発から参画し、成長の過程を創造してきた。しかし、衰退する事業経営の今後に関して大事な意思決定が求められる局面が出てきた。マーケティングの原則で「成功の要因で失敗が起こる」とはよく言われる。これは変化に対応すべき時に過去の成功体験から離れられず、新しい局面に向かって挑戦できない、いわゆる「ゆでガエル現象」である。

出店政策を強化していくことで品質重視の観点から問題を抱え、都市型のおしゃれな店舗特性が活用できずに、大きな流れであった郊外型店舗へとシフトすることで少しずつ歯車が狂っていた。

結果から言えば、年次ごとに整理し、現在の高輪店を残して全てを閉店した。高輪店は利益店であった。店舗コンセプトは決して間違っていないし、顧客評価も高い。ここを死守しつつ変革し、いずれ捲土重来《けんどちょうらい》の時が来ると考えていた。現在は改装を経て、見事に繁盛店となっている。新しい展開も夢ではない。

「水道の蛇口を開いたものが栓を閉じる役割を担う」

そんな気持であった。

しかし、撤退は創業よりも大きな財務的痛手をこうむることを知り、その後のバブル後遺症も重なって多くの面で減損を余儀なくされた。ある意味、この時期の損失が次の挑戦へ続く信念となり、「なにくそ！」と考える原点となった気もする。苦境を抜け出すために「新しい挑戦あるのみ」の決意であった。

そんな時に、玉川タカシマヤで営業してきた店舗もオーナーから退店の打診があった。今までとは別業態で、日本にこれまでにない取り組みであれば新しいフロアに出店するチャンスをつくりますと言っていただいた。玉川はセンスの良い、そして、豊かな生活者が住まう素晴らしい立地である。離すのは惜しい。しかし、与えられた条件は厳しく、井村屋は答えを出せないと判断された気がする。

担当者と共に〝挑戦魂〟が湧いてきた。アンナミラーズのノウハウを活用して未知の魅力を取り込む店舗を提案しよう！　と考えた。三菱商事の知恵を借りながらいくつかの選択肢から絞り込んだのが、ジュヴォーであった。

『南仏プロヴァンスの12か月』というタイトルの本がヒットして、プロヴァンスへの憧れが若い人を中心に起こりつつあった。さしたる根拠もなく、しかし、何かプロヴァンスと言う響きに希望を感じて訪問を決した。

リニューアル後のアンナミラーズ高輪店

プロヴァンスの風

フランス三菱商事の協力を得て、ジュヴォー氏の紹介を受けた。井村屋のレストランビジネスの責任者の一人であった鼎正教部長（現 IMURAYA USA, INC. 社長）が同行した。

さて、アヴィニヨンに降り立ち、ローヌ川にかかる、途中で切れているかのような歌で有名な「アヴィニヨン橋」を見て感動し、夕刻に宿泊するホテルでフレデリック・ジュヴォー氏夫妻と会食した。気難しい職人的なパティシエをイメージしていたが、全く異なり、気軽で穏やかな笑みをたたえていた。共同経営者的な奥様は店舗装飾やパッケージデザインを担当しているが、センスを感じさせる、自然で洒落た服を着こなし、同様に豊かな微笑みで迎えてくれた。

食事をしながら自己紹介を行い、パティスリーを訪問する意図を話して別れたが、遠い日本から来たビジネスマンの印象がどのように伝わったか心配でもあった。

翌日、アヴィニヨンから車で30分程にある、ジュヴォー氏が住居兼本店を構える歴史ある町・カルパントラを訪問した。アヴィニヨンのショッピングセンター内に出している店舗と違って、本店の趣は全く異なる歴史を背負う南仏の香りがあふれ、小ぶりではあるが温かい雰囲気が漂うシックな感じがして、すぐに魅了された。

フレデリック氏は2代目である。現在は長男のピエール・ジュヴォー氏もパティシエの修練を積み、父親の薫陶も受けて２０１６年には妹のマイイ・ジュヴォーさんと共に3代目となった。まさしく家族経営である。３店舗目を南仏で歴史ある町のリル・シュル・ラ・ソルグに開店して、成功を収めている。

契約に至る交渉には、かなりの課題があった。ジュヴォー氏から見れば、井村屋は信頼できる相手かどうか、私たちにとって「ジュヴォー氏の持つ技術を習得できるか」「プロヴァンスの雰囲気を持った店舗の再現を出来るか」はかなりの冒険であった。

玉川タカシマヤは私たちの新規の提案を歓迎してくれた。東京初出店であり、魅力ある提案だったと思う。その後、苦労は多くあったが、2016年に出店した「KITTE名古屋店」の成功で一つの進化を得た。

人間的な信頼と努力が双方にあって、遠くはなれた国の2社を良い商品を創ってお客様に喜んでいただきたいという熱い思いが結びつけた。熱意と夢がプロヴァンスの風を日本に届けてくれたのである。この涼やかな風を、今後もスタッフと一緒に大事にしていきたい。

ジュヴォー一家

さらに世界へ

中国には調味料事業に続き、本業のカステラ事業でも進出した。調味料の時と同様に、中国事業に詳しい東京国際貿易社長の正山四郎氏、ご子息の正山大《ひろし》氏には大変なご協力をいただいた。感謝の念でいっぱいである。

カステラは紆余曲折を経て、成長の路線に乗りつつある。小売業での販売に加えて鉄道路線車内販売、成長しているベーカリーなどの業務用ルート、さらにはアメリカへの輸出も堅調だ。

中国での肉まん・あんまんは委託生産であるが、調味料事業の提携先である豊禾食品公司の汪正志《おうまさし》氏に大きな協力をいただいている。汪氏の本業である肉まん・餃子工場で、井村屋のレシピによる包子《パオズ》（中華まん）を生産しており、プレミアムタイプとして販売されている。中国市場では大いに期待できる商品である。

中国は常に変化している。そこでは質的向上は大きな武器となる。正山氏、汪氏は日本語、中国語共に流暢《りゅうちょう》であり、双方の情報にも詳しい方々だ。他国においては人脈が経営上、大きなウエイトを持つ。人との「つながり」を持ち、信頼される関係を構築することが成功への道となる。中国事業はまさに収益向上へのスタートラインに立ったところだ。

一方、アメリカ進出はその市場の大きさからいっても夢であったが、思いがけない縁で委託事業を引き受け、工場進出を果たした。『もちアイス』という商品は、既に全米で広く認識されている和洋折衷のデザートとなった。アイスクリームが餅で包まれており、井村屋のノウハウが活かされている。

アメリカでは他ブランドの委託加工を引き受けつつ、井村屋ブランドの確立と拡大を志向してきた。独特のスペックが理解され、全米の小売りチェーンに販売を拡大しつつある。生産キャパや人員の確保が課題となっているが、それは「楽しみな挑戦」でもあり、市場規模が世界を圧倒するだけに果敢に挑む価値がある。

グローバル事業は輸出を含め、将来に向けての重要なポイントだ。避けては通れない。2014年には農水省との関係で、ブラジル訪問の機会も得た。世界は広い。日本の食品・菓子はさらに拡大のチャンスは大きいと思う。まずは現在の拠点をより成長する方向に持っていきたい。

中南米への経済ミッションの和食セミナーでスピーチ

政府専用機搭乗チケット

モーニング・カレッジの発足

会合を通じて多くの方と日常的にお会いする。それは三重県に留まらないが、本社の所在地である津市は行政との関わりを含めて、特に深い関係が求められていくし、その密度も高い。

ある日、三重県商工会議所連合会の井ノ口輔胖《すけひろ》氏が訪ねてきた。私も津商工会議所の副会頭に就いていたので、商工会議所に関することだろうと思ったが、内容は異なった。三重県、津市と行政に関わり多くの時を過ごしてきたが、東京などの大都会と違って情報を知り、自己を磨く勉強をする機会が少ない。そこで多くの人が勉強する機会を創ることで地域のお役にたてないかと思っている。そのような会の設立に協力を願いたいという内容だった。

多忙な人を集めるので早朝に行いたいとの希望でもあった。講師に呼ぶ方はコネを通じての依頼になるし、原則、宗教と政治に強く関連することは避けたい。人数の確保、会場の協力、コアになるメンバーの選択など課題も多く、前途多難を予感させた。しかし、地方において勉強ができる機会があれば、経営拡大へのチャンスにもつながる。何よりも自己研鑽を行い、刺激を得て成長できる。

「私たちは一緒に学ぶ仲間です。幹事などの呼称は避け、〝若い人の育成に手を貸す年長者の学習する仲間〟の意味を込めてシニアフェローとしましょう」と提案して今もその呼び名を通しているが、井ノ口氏をシニアフェロー代表として飯田俊司氏や辻保彦氏、柳瀬仁氏と私の5人で2013年の3月にスタートを切った。

会の名前は「モーニング・カレッジ」である。朝7時ごろに集合して、軽食を取りつつ9時までがその日の講師の講義時間となる。

２０１７年12月で60回を迎え、４年目に入る。会員メンバーは62名である。よく続いてきた。講師も多面的な活躍をされている方が多く、三重県出身でライフネット生命保険創業者の出口治明氏、テレビの人気コメンテーターでもある竹田恒泰氏など多彩である。

参加される方の多くは企業経営に関わるが、自営業も含め多士済々である。地域の活性化が声高に叫ばれているが、地味であっても真剣な学びの機会の提供は互いの力量につながっていく。特に、グローバル化でリベラルアーツの重要性が問われる昨今、幅広い歴史や教養を得るチャンスにもなる。手作り教養講座的な雰囲気を持ちながら切磋琢磨する場となればフェローの一人として大きな喜びだ。

モーニング・カレッジのシニアフェロー。柳瀬仁氏、飯田俊司氏、井ノ口輔胖氏、私、辻保彦氏（左から）

本と出会いの不思議な縁

ブックメンターという言葉がある。多くの本に出会い、啓発を受け、学びを得てきた。深い付き合いをしてきた本は多い。

社内でも新入社員の皆さんに、多くの本を読むことを薦めている。「どのような本が良いかを推薦してください」との声も多い。その時は先ず、本屋さんを覗き、書棚の前に立つ習慣を大事にするよう示唆している。そうすると、「私を読んで！」と手招きする本が見つかる。その出会いがブックメンターとの縁を創っていくと話している。

私にも偶然、書棚から手招きをしているように出会った書籍がある。そして、その著者との出会いが実現し、仕事上でも個人的にも親しくさせていただいている。ブックメンターが現実のメンターへと進化しているのだ。

それは社長になって間もなく、多くの悩みを抱え、経営戦略的に思考をまとめていかなければならない苦しい時であった。出張で東京に出向いた際、東京駅にある小さな書店での出来事だ。論理的思考を人材教育に取り入れて行きたいと強く考え、適切な講師を探していた。すると『入門！システム思考』という新書が手招きをしているのだ。環境面で大活躍をされている枝廣淳子氏が書かれた本だ。その後、枝廣先生の論理的思考教育を導入し、既に２００名を超す生徒が育っている。

時期は異なるが、同じ書店で『ほっとする親鸞聖人の言葉』という本が手招いていた。著者は川村妙慶《みょうけい》という尼僧だ。ラジオを通じて多くの方の悩み相談に応え、心に届く素晴らしい説法などで多くのファンがいる。

その著作の挿絵を描かれている書家の髙橋白鷗《はくおう》さんが同郷の松阪出身であることを知り、井村屋商品のデザイン文字をお願いしたことがある。その縁で妙慶氏をご紹介願い、新たな縁につながった。また、私の先祖の菩提寺で、住職が妙慶氏を招いた説法会が偶然あり、お会いすることができた。現在、井村屋は京都放送の妙慶氏のラジオ番組のスポンサーをさせていただいている。

これらの本が取り持つ〝連鎖の縁〟は望んで出来るものではないが、不思議な導きとなっていく。まさにセレンディピティである。

ブックメンターとして出会った枝廣淳子氏（右）
と川村妙慶氏

ゴーイング・コンサーンへ新たな出発！

２０１０年にホールディングカンパニーへの移行を決断した。各事業の多様性を活用してグローバル化を進め、若い経営者の育成もねらい持ち株会社制を導入した。

グループ全体の成長を図るために、各事業会社は自主・自立・自律を大事にしつつ、一方で手をつなぎコラボレーションを強化していく。いわばサークル型経営だ。社内外に少しずつ意図が理解され、軌道に乗りつつある。多様性を持つ企業として、今後も特色経営を進めていきたい。

極めて残念なことだったが、創業者の井村二郎氏は２０１１年に96歳の天寿を全うされた。家族葬が行われ、葬儀場に向かう車に私の運転する車がそうとは知らず、１キロほど並走した。別れを告げてくれたのだろうか。今でも不思議な思いがする。

私の前の社長、山川皓氏は心臓の手術を受けられたが、13年に残念ながら帰らぬ人となられた。その年齢に今、私も差し掛かった。手術前に「またゴルフがやりたいから手術に行ってくるわ！」と明るく手を挙げられた。

おふたりのお別れの会をさせていただいたが、多くの方にご参列いただいた。社長在任中にご縁の深い方々とのお別れはつらかったが、若い人に今後を託す機会にしたいと感謝しつつ念じていた。

13年から現在のグループ会長を拝命している。16年のバイオマスボイラーに続き、次世代へのランドマークとして念願であった新冷凍倉庫「アイアイタワー」が完成した。永く灯がともってくれると思う。

多くの変革に挑戦してきたが、その「紅い道」は若いメンバーが積極的な挑戦を繰り返し、今後も続いていくことだろう。人財育成が企業の継続性を創造する要だと思う。自作の「人の縁は仕事の縁、そして学びの縁」を座右の銘としているが、人とのご縁が常にセレンディピティを招いてくれるマイウェイであった。

本年（２０１７年）が創業１２０年、会社設立70周年となる。「ゴーイング・コンサーン」を目指す新しいスタートとし、独創性を起点に多様性とイノベーションを忘れず皆さまのご期待に応えたい。

新冷凍倉庫の「アイアイタワー」

座右の銘「人の縁は仕事の縁、
そして学びの縁」

あとがき

「マイウェイ」全52回の原稿を書き上げた時は一仕事を終えた感があった。拙い文章の連続であったが、時折会合などで「読んでますよ！」、あるいは「楽しみにしてますよ！」とお声掛けをいただけたのが大きな励みとなり、続けることが出来た原動力となった。

新聞連載では残念ながら書き残したことも多くある。新書として編集していただくにあたり、少し加筆をさせていただく機会を得た。有難いことである。多くの人とご縁をいただいてきたが、自作の座右の銘「人の縁は仕事の縁、そして学びの縁」は実感であり、生涯を通じて忘れられない心に残る思いでもある。

振り返って、実に多くの方々に教えをいただいてきた。悩みを抱えたり、失敗をすることも多くあった。取引先倒産による大きな打撃もあった。社長になった直後に赤字決算を余儀なくされた年次があった。そんな時に、心に刻まれた言葉をかけていただいた先輩の温かさは忘れられない。山川皓会長からは「赤字には悪い赤字と良い赤字がある。今回のは次につなぐ良い赤字だ。浅田君らしく元気を出そう！」と励ましていただき、涙が出た。

さて、私には必ず守っていることがある。津市に戻り、新しく準備しておいた自宅に父母の死後長く仏壇店に預かっていただいていた古い仏壇を美しく洗濯（化粧直し）して迎えて以来、自宅から出勤する時は必ずおまいりをさせていただいていることだ。家族の健康と共に井村屋グループの成長、そして、時折起こる課題のつつがない解決などを報告し、ご加護をお祈りする。

もう一つの欠くことが無い家庭行事は、妻の靴磨きである。特に私の靴は出勤時に必ず美しく磨いてもらっている。結婚以来、一日として欠くことの無い習慣である。前日に口論があっても美しく磨かれている。照れくさくて「ありがとう」の五文字が遠いが、ビジネスマンにとって大事な靴の清掃を長年行ってもらい、日ごろのさりげない健康管理とともに感謝の気持ちを忘れてはいない。

最後になりますが、今回の執筆に当たり経営・海外事業戦略部の岩本康部長、尾崎弘二課長、秘書の丸山紗緒里さんには細やかな校正等で特にお世話になった。心より御礼を申し上げます。

２０１７年11月吉日

筆　者

＊本書は中部経済新聞に平成二十九年七月一日から同年八月三十一日まで五十二回にわたって連載された『マイウェイ』を改題し、新書化にあたり加筆修正しました。

浅田 剛夫（あさだ たけお）

1965（昭和 40）年中央大学経済学部卒。醸造会社を経て 70 年井村屋製菓（現・井村屋グループ）入社。93 年取締役、99 年常務取締役、2001 年専務取締役、03 年社長。10 年 6 月持株会社制移行に伴い、井村屋グループ社長、13 年 6 月に会長に就任。津商工会議所名誉顧問、全日本菓子工業協同組合連合会副理事長。津市出身。

中経マイウェイ新書　038

人生《じんせい》は悠々《ゆうゆう》として急《いそ》げ

2017 年 11 月 25 日　初版第 1 刷発行
2020 年 6 月 5 日　初版第 2 刷発行

・

著者　浅田《あさだ》 剛夫《たけお》

発行者　恒成 秀洋　発行所　中部経済新聞社

名古屋市中村区名駅4-4-10　〒450-8561
電話 052-561-5675（事業部）

印刷所　モリモト印刷株式会社　製本所　株式会社三森製本

ISBN978-4-88520-213-1